未来の教育を創る教職教養指針

山﨑 準二・高野 和子【編集代表】

教育相談

武田 信子【編著】

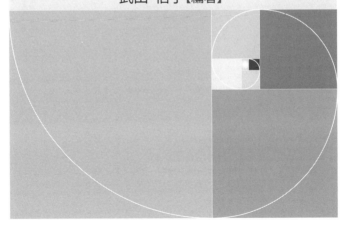

学文社

執筆者

武田　信子	武蔵大学	[序章・第1章・第2章[1]]
大嶋　正浩	医療法人社団至空会	[第2章[2]]
野口　晃菜	株式会社 LITALICO	[第2章[3]]
石井　正宏	NPO 法人パノラマ	[第2章[4]]
李　炯植	NPO 法人 Learning for All	[第2章[5]]
神谷　信行	神谷信行法律事務所	[第2章[6]]
伊藤亜矢子	お茶の水女子大学	[第3章]
土屋　佳子	日本社会事業大学	[第4章]
平野　直己	北海道教育大学	[第5章]
前川あさ美	東京女子大学	[第6章]

<執筆順>

シリーズ刊行にあたって

　21世紀の現在，国内外ともに，就学前教育から高等教育まで，また学校教育のみならず家庭や地域における教育までも巻き込んで，教育界はさまざまな「改革」が急速に進められてきている。教師教育（教師の養成・採用・研修）全般にわたる「改革」もまた，初等・中等教育の学習指導要領改訂に連動した教師教育の内容・方法・評価の「改革」として，また教師教育を担う大学・大学院の制度的組織的「改革」をも伴いつつ，急速に進められてきている。

　とりわけ近年，「実践的指導力の育成」というスローガンの下で，ともすると養成教育の内容と方法は，実務的・現場体験的なものに傾斜し，教職課程認定における行政指導も次第に細部にわたって強まってきている。さらに，「教員育成指標」「教職課程コアカリキュラム」の策定が行政主導で急速に進行しているが，教師教育の営みを画一化・閉鎖化しかねないと強い危惧の念を抱かざるを得ない。

　そのような教育全般および教師教育の「改革」状況のなかで，今回の新シリーズ「未来の教育を創る教職教養指針」を，主に大学等での養成教育における教職関連科目のテキストとして企画・刊行することにした。そして，以下のような2点をとくに意識し，現職教師の自主的主体的な研究活動も視野に入れて，本シリーズを，各巻編者も含めた私たちからの，教師教育カリキュラムの1つの提案としていきたい。

　①教育学や心理学という学問内容の体系性ではなく，あくまで教師教育という営みにおけるカリキュラムの体系性を提起することを直接的な目的としているが，過度に実践的実務的な内容とするのではなく，教師自身が教育という現象や実践を把握し，判断し，改善していくために必要不可欠とな

i

るであろう，教育学・心理学などがこれまでに蓄積してきた実践的・理論的研究成果（原理・原則・価値，理論・概念・知識など）を提起すること。

　同時に，即戦力育成を目的とした実務能力訓練としての「教員育成」ではなく，教育専門職者としての発達と力量形成を生涯にわたって遂げていくための教師教育を志向し，そのために必要不可欠な基盤づくりとしての養成教育カリキュラムの1つのあり方を提案するものでもあること。

②現在，教職課程認定行政のなかで「教職課程コアカリキュラム」が示され，すでにその枠組みの下で再課程認定が進められてきている。本シリーズは，本来，上記「コアカリ」という枠組みに対応するべく企画・編集されたものではないが，扱う内容領域としては，上記「コアカリ」の内容にも十分に対応し，さらにはそれを越える必要な学習を修めることができるものを構築すること。

　ただし，「教職課程コアカリキュラム」との関係については，本シリーズの各巻・各章を"素材"として各授業担当者の判断・構想によるべきものであるので「対応表」的なものを示してはいない。なぜなら，「コアカリ」の〇〇番目に該当する□□章△△節を扱ったから同項目内容の学習は済んだという思考に陥ったとき，教師教育の担当者は自らの教師教育実践を研究的に省察の対象とすることを放棄してしまうことになるのではないか。さらには，そのような教師教育からは社会の変化が求めている自主的主体的な研究活動に立脚した"学び続ける"教師は育ちえず，たとえ育っているようにみえてもそこでの教育実践研究は既存の枠組みのなかでのテクニカルなものに限定されがちになってしまうではないかと代表編者は考えているからである。

　最後に，本シリーズ名とした「未来の教育を創る教職教養指針」のうちの「教職教養指針」という用語について，説明しておきたい。同用語は，19世紀プロイセン・ドイツにおいて最初に教師養成所（Lehrerseminar）を創設し，自らその校長として教師教育の発展に尽力するとともに，以後の教育学・教科教育学および教師教育学などの理論的構築にも寄与したディースターヴェーク（Diesterweg, F. A. W., 1790-1866）の主著『ドイツの教師に寄せる教職教養指針

(Wegweiser zur Bildung für Deutsche Lehrer)』（初版 1835 年）から採ったものである。正確に述べておくならば，今日的な直訳は「ドイツの教師に寄せる陶冶のための指針」であるが，日本におけるディースターヴェーク研究・西洋教育史研究の泰斗・長尾十三二博士による訳語「教職教養指針」を使わせていただいた。ディースターヴェークの同上主著は，その後彼が没するまでに 4 版が刊行され，次第に質量ともに充実したものとなっていったが，当時の教育学や心理学，教科教育学やその基盤を成す人文社会科学・自然科学・芸術など各学問分野の第一級の研究者を結集して創り上げていった「ドイツの教師（それは，近代的専門職としての確立を意味する呼称である Lehrer ＝教師：現職教師および教師志望学生たちも含める）」に寄せる「教職教養指針」なのである。同書では「教師に関する授業のための諸規則」も詳述されているが，その最後の箇所で，それらの諸規則を真に認識するためには行為（実践）が必要であること，「最も正しい根本諸原理を自分の頭で考えて理解し応用すること」によってはじめて状況に対応した教育的な機転・判断能力が育成されるのだと強調されている。本テキスト・シリーズも，そういう性格・位置づけのものとして受け止め，活用していただきたいと願っている。

　本シリーズがディースターヴェークの同上主著と同等のものであるというのはあまりに口幅ったい物言いであるといえようが，しかし少なくとも本シリーズ企画への思いは彼の同上主著への思いと同様である／ありたい。そういう意味では本シリーズは「現代日本の教師（研究を基盤にすえた高度な専門職をめざし日々研鑽と修養に励む現職教師および教師志望学生たち）に寄せる教職教養指針」である／ありたいのである。

　本シリーズが，大学のみならず教育実践現場や教育行政において教師教育という営みに携わる教育関係者，教職課程を履修する学生，さらには教育という営為・現象に関心を寄せる多くの方々にも，広く読まれ，活用され，そして議論の素材とされることを願っている。

　2018 年 10 月

シリーズ編集代表　山﨑　準二・高野　和子

目　次

序　章　ウェルビーイングを実現するための学校教育をめざして　………　1

第1章　教員のための教育相談の基礎知識・基礎技術　………………　12

第2章　特別な支援の必要な子どもたちに教師がどうかかわるか　………　53

第3章　教員とスクールカウンセリング　………………………………　95

第4章　教員とスクールソーシャルワーク　……………………………　118

第5章　学校と地域―コミュニティという視点から　……………………　141

第6章　学校ができる支援　………………………………………………　164

索　引　191

序　章

ウェルビーイングを実現するための学校教育をめざして

1　幸せになるためのプロセスとしての学校教育

あなたは，学校が好きだったか。出れば出るほどわかることが増えて楽しいという感覚や自信がついていく，それが授業だったか。それとも，出れば出るほどわからないことが増えて自信を失っていく，それが授業だったか。

学校は成功体験に至るまでに失敗をたくさんしてもいいところだったか。社会に出てからやっていけるように，学校で思う存分安心して試行錯誤できたか。それとも笑われないよう叱られないよう目立たないよう黙っていたか。

本書では，まず自分がポジティブな授業・学校イメージをもてているか，そういう学校教育をファシリテートしていくための知識や技術を身につけているか。それを常に確認しながら学ぼう。そして，生徒たちが学ぶことが楽しくて仕方がない学校をつくっていこう。

このテキストは「教育相談」のテキストだから内容は深刻だったりもする。だから「おもしろく」はないかもしれない。でも，読み進め，ワークをやりながら，新しいことを学ぶこと，深く考えることが楽しいという感覚をもってもらえたらと思う。あなた自身がこのテキストで，深く考えることを楽しめているか確認しながら工夫して学んでいこう。

（1）学校教育をめぐる日本の子どもたちの葛藤

日本の子どもたちは日本国憲法第 26 条において，教育を受ける権利を保障されている。これは，すべての子どもがウェルビーイング（よい状態）に暮らせるように，国が学校などで教育を提供し，社会人として必要な学びを得て育つ権利をもっているということである。学校に行くことは，子どもたちにとっ

1

て，幸せになるためのプロセスのはずである。

　しかし，2014年，内閣府は『自殺対策白書』[1]で，過去42年間の累計日別自殺者数を集計し，18歳以下の子どもたちの自殺が1年のなかで最も多い日が9月1日など長期休み明けであることを明らかにした。9月1日に計131人，続いて4月11日の99人と新学期のスタート時に自殺者が多い。これは，私たちにどのようなことを伝えているのだろうか。

　休み明けに幸せになるための学校へ戻るその2日間に，死を選ぶ子どもがここ40年間平均5人という事実。これは例外的な個人の問題なのだろうか。学校に行くくらいならと死を選ぶ子どもたちは氷山の一角なのだろうか。

（2）学校教育における生徒たちの心理的な課題

　学校教育における生徒たちの心理的な課題はさまざまである。

　いじめの発生は歴史的に古く，世界各国であまねく起きており，常に教員たちを悩ませつづけてきた。かつては少なかった小学生からのうつ，摂食障害も今の日本では珍しくない。また，近年，コミュニケーションに課題をもちやすい発達障害の子どもの数が世界中で増えつづけており，また，発達障害と診断されなくとも，被害的な思考をもちやすい子ども，気分の変化が激しい子ども，無気力な子ども，大人を試す行動をとる子どもが増えて，教員たちは対応に四苦八苦している。

　国によって，地域によって，時代によって，そこに生活する個人の心理的な問題は移行する。乳幼児期からの発達課題をもち越した子どもたちが小学校に，小学校の課題をもち越した子どもたちが中学校に入ってくる時代であるが，とくに日本の教育現場に特徴的な生徒たちの心理的課題は，ここ40年間，不登校といっていいだろう。2019年現在，不登校児童・生徒は，小中学校で14万人を超えており[2]潜在的な"隠れ不登校"も含めると44万人と指摘されている[3]。不登校から引きこもりに移行する人たちも何万人もいる。これはどういう現象なのだろうか。

　「学校に行きたくない」「学校に行けない」状態となる不登校（当初は学校恐

2

怖症といった）生徒は1970年代後半から現れはじめた。ほぼ同時に学校内の問題として，校内暴力やいじめ，学級崩壊なども大きな社会問題になり，その後，1980年代後半には教員の精神疾患の数も増えはじめて，教員にもうつ状態になる者，不登校になる者，退職・転職を希望する者が現れ出した。その対策として1990年には東京都で公立学校教職員職場復帰訓練が開始されている[4]。

1995年度には文部科学省による公立学校「スクールカウンセラー活用調査研究委託事業」が始まり，現在は全国1万校を超える学校にスクールカウンセラーが配置・派遣されている。またさらに，2008年度には，貧困や虐待など複雑な家庭事情をかかえた子どもたちの事例に対応するため，それらの問題が多く起きていた大阪府を中心にスクールソーシャルワーカー活用事業が開始され，現在，急ピッチでスクールソーシャルワーカーの配置が進められている。

先に問うたように，これらは「心理的な問題をかかえた個人の問題」なのだろうか。いや，そうではない。文部省（現文部科学省）は1989年に「登校拒否はどの児童生徒にも起こりうるものであるという視点に立ってこの問題をとらえていく必要がある」と宣言し，これらの生徒たちに起きる問題が，単に個人の心理的な問題ではなく，学校という社会のなかに必然的に「学校に行けない」状態が起こりうることを公的に認知したのである。

さらにたとえば，1995年の阪神淡路大震災，2011年の東日本大震災のことを考えてみよう。震災に遭遇した子どもたちにPTSD（心的外傷後ストレス障害）が起きることが話題となって，いついかなる子どもも，「不適切な環境」におかれたときには精神的なケアが必要であること，発達途上の子どもたちに対するケアは，親や教員を含む社会の大人の責務であることが，今や明らかになっている。震災時に，震災後に，教員たちは必死で子どもたちを守ろうとしたし，地域のあるいは遠方から駆けつけた大人たちも子どもたちをケアしようとしたが，それでも，今もなお震災は，子どもたちの成長に爪痕を残している。

（3）世界的な視点でみた日本の学校教育

さて，このような状況のなかで，私たち大人は子どもたちのウェルビーイン

グのために何ができるのだろうか。こんなにも多くの子どもたちが「不適切な環境」におかれた場合と同様に，多彩な反応をみせているのはどういうことか。学校教育は，教員は一体どうあるべきなのか。子どもたちが，家庭と地域と学校で育つとしたら，彼らの24時間の生活を，彼らが大人になるまで，今の大人たちはどう連携して支えていけばよいのだろうか。

　視点を変えてみよう。日本で起きているこの現象は，国際的にはどうみられているのだろうか。ここでは，国連子どもの権利委員会が1998年から4回にわたって日本の教育に対して出している勧告の内容の抜粋を読んでみよう[5]。

■第一回勧告（1998年）

22. 本委員会は，貴締約国が教育を重要視し，その結果極めて高い識字率を誇っていることに留意するものの・・・極度に競争的な教育制度によるストレスのため，子どもが発達上の障害にさらされていること，および，教育制度が極端に競争的である結果，レクリエーション，スポーツ活動および休息が欠如していることを懸念する。本委員会は，さらに，不登校の数が膨大であることに対して懸念している

24. 本委員会は，学校において重大な暴力が頻発していること，特に体罰が広く用いられていること，および，生徒間のいじめに関するケースが多数存在していることを懸念している。本委員会は，体罰を禁止する法律が存在し，かつ，いじめの犠牲者である子どものための電話相談などの措置が取られているにも関わらず，現在の措置が学校における暴力を防止するために不十分であることに留意し，懸念している。

43. 本委員会は，貴締約国における教育制度が極度に競争的であること，その結果，教育制度が子どもの心身の健康に悪影響をもたらしていることに照らし…過度なストレスおよび不登校を防止しかつそれと闘うための適切な措置を取るべきことを貴締約国に勧告する。

44. 本委員会は，本条約第29条に従い，人権教育を学校の教育課程に体系的に導入するための適切な措置を取るべきことを貴締約国に勧告する。

■第二回勧告（2004 年）

49　…（略）

　a. 教育制度が過度に競争的であるために，子どもの心身の健全な発達
　　に悪影響をもたらし，子どもの可能性の最大限の発達が阻害されてい
　　ること。

　b. 高等教育への入学のための過度な競争により，公教育が，貧困家庭
　　の子どもが受けることのできない私教育によって補完されていること。

　c. 学校における子どもの問題および（いじめのような）争いごとに関し
　　て，親と教職員とのコミュニケーションおよび協力がきわめて限定的
　　であること。…（略）

■第三回勧告（2010 年）

70　委員会は，日本の学校制度によって学業面で世界でも例のないほど優
　　秀な成果が達成されてきたことを認めるが，（少子化で）小中高校およ
　　び大学への入学を求めて競争する人数が減少しているにも関わらず，過
　　度の競争に関する不満が上がり続けていることを懸念している。またこ
　　のような極度に競争的な学校環境が就学年齢層の子どものいじめ，精神
　　障害，不登校，中退および自殺を助長している可能性についても懸念し
　　ている。

71　委員会は，学業面での成果と子ども中心の能力向上策を結びつけるた
　　め，また，極端に競争的な環境によって引き起こされる悪影響を回避す
　　るために，貴締約国が学校制度および大学教育の制度を再検討するよう
　　に勧告する。またこの点に関連して，貴締約国が，委員会の教育の目的
　　1 に関するジェネラルコメント No.1（2001 年）を考慮に入れて検討す
　　ることを奨励する。委員会はまた，貴締約国が，子ども間のいじめに立
　　ち向かおうとする努力を強化し，そのような手段の策定に子どもたちの
　　意見を取り入れるよう勧告する。

(傍点は筆者)

さて，改めて問いかけよう。世界各国の子どもの専門家の知の結集した国際機関からこのような指摘を受ける状況にある日本の学校のなかで，最前線に立つ教員はどのように子どもたちに向き合えばよいのだろうか。日本の教員の誠実さ，熱心さは世界でも有数だろう。しかし社会全体の競争的な価値観のなかで，その誠実さ，熱心さが子どもたちを追い詰めているクラスや，厳しくしなければ統制が取れないような荒れたクラスの現状が多かれ少なかれあることは事実である。日本の支配的，強制的な教育が問われるべきときが来ている。

目の前の現実を無視することなく，一方で圧倒されてあきらめることなく，教員が家庭や地域と協働して学校でできることは何か。子どもたちのウェルビーイングを願う教員とその志望者に本書を届けて，子どもたちのウェルビーイングの実現の一助としたい。

2 本書の構成と学習の方法

（1）本書の構成

学校教育で生徒たちに接する教員の第一の業務は，生徒たちがそれぞれに固有な特性を活かして，市民として社会で生活していくために必要な知識や技術や態度を身につけられるように，授業や学校生活を通じて学ぶ環境をつくることだろう。教育基本法第5条第2項には，「義務教育として行われる普通教育は，各個人の有する能力を伸ばしつつ社会において自立的に生きる基礎を培い，また，国家及び社会の形成者として必要とされる基本的な資質を養うことを目的として行われるものとする」とある。

生徒たちがよりよく学ぶために，その前提として必要なものは何だろうか。

自分が生きる社会への好奇心，その好奇心に基づいて学びたいという欲求，さらには学ぶことによる未来への希望ではないだろうか。しかし，生徒たちのおかれている家庭や地域の状況によっては，必ずしも生徒全員がそのような準備状態（レディネスという）にない場合がある。

たとえば，家族や親戚に心配ごとがあって授業に集中できない場合，家庭が不安定で学校に来づらい場合，友だち関係に問題があったり，教師とよい関係

性がもてなかったりして教室が安全でない場合，社会不安に脅かされている場合，身体的課題があって皆と同じペースでは学べない場合，脳の機能に特性があって特別な配慮が必要な場合，家庭などですでに好奇心や欲求が満たされていて学校が必ずしも必要でない場合などである。

それらに対して，子どもたちを強制的に，競争的に勉強に向かわせるのではなく，安心して必要なことを学べるようにすることは大人の（国民の）義務であり，とりわけ公教育は子どもの学びを保障しなくてはならない。そういう意味において，子どもたちの心理を理解し，それに寄り添って，教育のベースとなる安全な学びの場をつくり出す教育相談の果たす役割は大きい。

本書では，学校における教員による教育相談を，心理カウンセラーの行う心理相談のまねごとやミニカウンセリングと捉えるのではなく，教員だからこそできる相談業務と考えて，すべての教員が『教育相談』に関連してもっているとよい考え方を身につけることを目標としている。

文部科学省は 2007 年の「教育相談等に関する調査研究協力者会議」による「児童生徒の教育相談の充実について─生き生きとした子どもを育てる相談体制づくり─（報告）」を発表した。本書はその 10 年以上後の出版となるが，文部科学省の基本方針は今もなお継続している。そこで，教員の養成や研修にとくにかかわる第 5 章「教育相談に関する教員の意識及び能力の向上について」に合わせて，本書の方針を記述する。

「…児童・生徒に対するきめ細かな相談体制をどのようにつくっていくかは，最終的には，教員の児童・生徒のかかえる課題や効果的な指導・対応に関する姿勢と意識にかかってくるところが大きい。このため，たとえば，教務部で学習に関する悩みの相談を受けたり，進路指導部で進路に関する悩みの相談を受けたりするなど，さまざまな校務分掌で教育相談の機能を積極的に生かしていくという発想により，教育相談に対する意識改革を図っていくことが大切である。」

つまり，狭義の教育相談のみならず，さまざまな場面において，教育相談の機能が活かされることが必要であるというのである。したがって本書では，第

1章において，学校内でどのような校務分掌に就いたとしても心掛けるべき姿勢と意識，知っておくべき基礎知識と基礎技術について記述する。加えて，教員が自分自身の心と向き合い，安全に学校に勤務するための心構えと知識も記述する。昨今は教員も学校においてさまざまなストレスにさらされている。まずは自分が心身ともに健康を保たなければ，子どもたちを支えることはできない。さらに，

　「校内体制や専門家の活用，関係機関との連携を有効に機能させるためには，校長等管理職のリーダーシップや教育相談に対する認識が必要不可欠である。
　教員養成の段階から教育相談のあり方や方法を体系的に学ぶことが必要である。また，教育実習においても，教育相談の視点を考慮した実習を行うことが有益である。国や教育委員会が行う管理職研修やリーダー研修をはじめとして，初任者研修，10年経験者研修，選択研修，職能別研修などの現職研修に教育相談を位置づけ，教育相談研修の改善充実を図っていくことが必要である。」

　つまり，教員は，その志望の段階から退職に至るまであらゆる機会に研修をうけて，教育相談の知見を深め，意識と能力を向上させることが必要であるとされているのである。そこで，第3〜7章にわたって，教育相談に関連する子どもの臨床の専門家—いずれもそれぞれの分野の第一線で，つまり，生徒たちに役立ち，教員たち，保護者たち，地域の人たちに信頼される形で活躍している執筆陣が，それぞれさまざまな立場の教員が何をすれば子どもたちの心理的基盤を支えることができるのかについて記述した。

　本書に書かれていることは，教員養成課程の学生のみを対象とするのではなく，教育相談担当教員にも限らず，初任者から管理職まですべての教員に読んで確認していただきたい基本である。個人で読んでいただくのはもとより，さまざまな研修の機会にテキストとして採用していただければ幸いである。

　ここで，基本と書いたが，類書とは書いてある内容が異なるかもしれない。いわゆる知識として「カウンセリング」を学ぼうとしていたり，対応策として「教育相談」を考えていたりすると，本書の「教育相談の考え方・捉え方」に

はとまどわれるかもしれない。そのような知識は，各種の臨床心理学やいわゆる「教育相談」のテキストに出ていると思われるので，そちらを参照し，一方でしかし，この本をそのまま読み進めてほしい。読み終えたときには，読者の「教育相談」観は，ちがったものになっているだろう。教員が学んでできる「教育相談」がみえてくるだろう。

（2）学習の方法

さて，学習の方法である。本書から学ぶにあたっては，最初に序章と第1章を読んでいただきたい。ワークも入っているので，読むだけでなく実際にやってみてほしい。読んでわかったつもりになっても実際にやってみると気づくことがそのつど必ずある。理解の深さや角度もまったくちがうことに気づくだろう。

そのあとは自分の興味関心と必要に従って全体像がつかめるようにどこからでも読み進めていただければいいだろう。ただ読み流すのではなく，1つひとつの章に対して「思考」のプロセスをもつことが必要である。

「思考」のプロセスのためには，たとえば，仲間と一緒に読み進める場合，
① ジグソー法：グループごとにちがう個所を読んで，その内容を他のグループに出かけて行ってお互いにシェアしあう方法，
② プレゼンテーションとディスカッション：ブックトークのように，誰かが読んだ部分のなかから皆とシェアしたいポイントを，興味を引くようにわかりやすく紹介し，それに基づいて皆で議論を進め，理解を深めていく方法などが考えられるだろう。
また，個人で読む場合には，
③ 読んだ箇所があてはまる事例を思い起こし，具体的に事例をあてはめつつ振り返る方法が効果的だろう。
④ 章末に，まとめと復習に役立つ【学びを深めるための課題】を提示したので，ぜひレポートやディスカッションの形で取り組んでみていただきたい。

もし，理解しがたい部分があった場合は，それぞれの著者がさまざまな著作

や論文を関連分野に関して執筆しているので，各章末にあげてある参考文献などとともに参考にして，さらに学びを深めていただければ幸いである。

（3）用語の扱いについて

　本書の執筆者は 10 人である。それぞれの著者が，自分の担当箇所で同じ用語を別の形で解説したり，ちがう表現で表したりしていることがある。

　たとえば，「しょうがい」ということばの表記は，「障害」「障がい」「障碍」などと 3 種類以上の表記がなされることがあるが，読者はこれまでにそれを意識したことがあるだろうか。なぜ，このような表記のちがいがあるのか，インターネットなどで調べてみるとよい。

　また「子ども」「こども」「子供」「児童」「生徒」という言葉はどう使い分けられているのだろう。「教師」「教員」「教育者」はどうだろうか。

　言葉には，無意識に用いられているときと意識的に使い分けられているときがあり，とくに差別されやすい社会的弱者に対する言葉は，慎重に意識して使い分ける必要がある場合や，それを用いている個人の歴史を慮（おもんばか）りその思いを汲み取る必要がある場合がある。法律用語と日常用語が異なる場合や，政府の公式用語と民間団体が使う用語が異なる場合もある。

　本書のなかでさまざまに使われている言葉にセンシティブ（敏感）であってほしいと思う。それぞれの専門家がどのようにことばを用いているかに関心をもってほしい。そのうえで，小さなちがいのもつ大きな意味の差を意識して，自分はどのようにことばを用いるかについて考えてほしいと思う。それは子どもたちのことばにセンシティブになるためのトレーニングになるだろう。

　また，たとえば「合理的配慮」について本書のなかでは数人の執筆者が言及しているが，各執筆者の強調点は異なる。説明自体も微妙に異なっている。ことばはまず定義づけて用いなければならないが，「合理的配慮」という言葉は，まだ誕生してから日が浅く，識者によって議論が継続している言葉である。そこで，ここではあえて読者に「これから意味が定まっていくであろうことば」として考えてもらうために，統一を図らなかった。

あなたが「合理的配慮」をする側だったらどうか，受ける側だったらどうか。教育相談の場面では，それを自分にとって意味のある言葉として引き受け，生きた言葉として考え，「合理的配慮が必要だ」ということばが独り歩きしないように，「じぶんごと」として受け止めることが大切なのである。

　このように，本書は，ことばを飛ばしてナナメヨミできる本にはしなかった。大学の定期試験前の一夜漬けに使える本にもしていない。教育相談のテキストとして何回も読み込み，わからないところは自分で調べ，自分の言葉で他者にわかりやすく自分のエピソードを入れながら解説できるまでになってほしい。自分が教育相談にかかわるときに，本書に書かれていることが本当であるかどうかを考え，判断して活用してほしい。

　そうすることで，新学期が始まるときに，「学校に行きたい」と思う子どもたちを一人でも増やし，「行きたくない」と思う子どもたちをゼロにする。この本は，そのためのプロジェクトなのである。

注
1）内閣府『自殺対策白書』2014 年（厚生労働省「人口動態調査」の調査票情報の独自集計「第4－5 図　18 歳までの日別自殺者数」）
2）文部科学省「平成 29 年度問題行動・不登校調査」
3）NHK 番組シリーズ子どもの“声なき声”「第 2 回“不登校 44 万人の衝撃”」2019 年 5 月 30 日放送
4）武田信子「精神疾患による休職教員のためのデイケアの試み」『武蔵大学人文学会雑誌』第 27 巻第 1 号，1995 年，203-224 頁。第 4 章第 2 節執筆担当大嶋正浩先生は，本プログラムの初代責任者，編者はグループワークと陶芸担当初代心理職。
5）翻訳は，世取山洋介氏，平野裕二氏，外務省訳などを参考にした筆者訳で，抜粋のうえで省略した部分もあるので，できる限り原文にあたることをお勧めする。

序章　ウェルビーイングを実現するための学校教育をめざして　11

第1章

教員のための教育相談の基礎知識・基礎技術

1 教育相談の意義と倫理

（1）教育相談の意義

学校教員による教育相談の意義は，学校生活と切り離された形でなく日常的に行われる働きかけと連続性をもってなされることにある。「中学校学習指導要領解説 特別活動編（平成11年）」によれば，教育相談は次のように定義されている。

> 一人一人の生徒の自己実現を目指し，本人又はその保護者などに，その望ましい在り方を助言することである。その方法としては，1対1の相談活動に限定することなく，すべての教師が生徒に接するあらゆる機会をとらえ，あらゆる教育活動の実践の中に生かして，教育相談的な配慮をすることが大切である。

この定義を念頭におきつつ，本書は，学校に通うすべての児童・生徒が義務教育の修了時点までに，あるいは進学や就職までに必要な学びを身につけるためには，学校において安定的な心理的基盤をもつことが必要であると考え，教員がそのために必要な教育環境を教育活動のなかで整えていくことができるように，知識や技術や態度について解説を試みる。

かつては，児童・生徒や保護者に対して一対一の助言をするカウンセラーと同様のマインドをもつことが教員にも必要といわれ，そのような研修も多く行われていた。そのような姿勢は今でも確かに必要である。しかし，スクールカウンセラーやスクールソーシャルワーカー，養護教諭といった専門職が「チー

ム学校」として協働して機能することが求められる時代において，本書ではより「学校教員だからこそ」つくっていくことのできる学校風土・学級風土，つまり温かい学校コミュニティの構築や職員室における協働態勢，さらには地域連携を意識して解説していく。

（2）教育相談の倫理

学校内で求められる教員としての倫理と教育相談の倫理が大きくちがうわけではない。具体的には人権尊重・秘密保持・情報公開の際の配慮である。これらの点に関して，以下の点を改めて確認しておきたい。

①対象が児童・生徒とその保護者という「被教育者とその親」であり，教員が評価や学級経営方針の策定を始めとした（生徒側から見たときに）権力をもつ存在であること[1]。

②しかし，その上下関係が教員の側でときに忘れられやすいこと。

③扱う情報は個人のプライバシーにかかわる内容であるが，日常会話で児童・生徒の家庭状況まで話題にすることの多い学校という場において，守秘義務が守られない可能性があること。

さて，まず人権尊重に関しては，すべての学校において人権研修が実施されているが，序章で紹介した国連子どもの権利委員会の指摘にあるように，日本の人権教育は世界的レベルに比して必ずしも進んでいるとはいえない。自分の人権が侵害されている，される可能性がある，あるいは自分が人権を侵害していると気づかないために，人権の問題を他人事と聞き流す人も少なくない。

「何が人権にあたるのか」「自分の人権は守られているのか」「私たちは子どもの権利に関連してどのようなことに配慮する必要があるのか」から学び直すことが求められている。

人権侵害は，それが慣例や習慣になっているとなかなか気づかれない。たとえば，土日の部活指導や保護者からの夜間の自宅への電話などの教員の無報酬の超過勤務は，教員の人権の侵害になりうるが，教員の熱意の名の下に長く慣例となってきた。児童・生徒に対しては「意見表明権」が保障されなかったり，

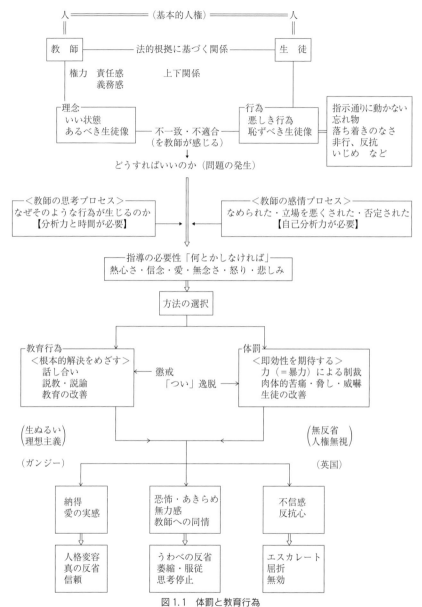

図 1.1 体罰と教育行為
出所：武田信子・井手厚『教育心理学教材・資料集』オンデマンド印刷，77 頁

休憩時間を十分に与えないばかりか「遊ぶ権利」を侵害したり，睡眠や休息の時間確保を脅かすほどの量の宿題・課題を出して日本国憲法第 25 条「健康で文化的な最低限度の生活」を脅かしたりすることが習慣化している例もある。

　図1.1をみて，よく考えてみてほしい。体罰は日本では学校教育法などの法律でずっと禁止されてきた[2]。しかし，近年まで多くの学校で，とくに部活において体罰は見逃されてきた。教師の生徒を変えてやろうという「熱意による体罰」も，生徒が教師を変えてやろうという「熱意による暴力」も暴力であることに変わりはない。人権の問題の 1 つとして議論が必要だろう。

　また，秘密保持の厳守と情報公開のバランスについては，チーム学校としての対応を行う際に，それぞれが「タコ壷化（自分と近い仲間だけで動く）」しないよう，誰といつどのように情報を共有するかについて，学内の合意を得ておきたい。とくに，関係者に必要な情報を開示しなかったり，組織内で起きたことに対して自分たちの身を守るために情報を不適切な時期に廃棄してしまったりするような身内主義は，自分に問題が降りかかってきそうなときに起こりやすい。教員は児童・生徒を養育・教育することが職務であり，その実現を阻む状態に対して，厳しく互いを律する文化をもっていなければならない。多面的に学んで自らの倫理感覚を磨こう。

2 教育相談の知識と技術

　本書で扱う知識と技術は，臨床心理学や認知心理学，精神分析学を背景とした各種の心理療法を含む教育相談の知識と技術と，コミュニティワークやユースワークを含むソーシャルワークの知識と技術などを統合したものである。

　学内の教育相談の担当者，あるいは当該児童・生徒の関係者は，必ずしも専門家レベルで自分がそれらに精通する必要はないが，専門家が用いている知識と技術に専門性があることを理解し，専門家が学内で活動することをサポートしつつ，もし教員の立場からみたときに理解できないことがあった場合は疑問をぶつけて相互理解を深めながら問題解決に「チーム学校」で動くことができるようになることが必要である。

教員としての対応のための知識と技術の具体的詳細については，さまざまな文献やあるいはネット検索で情報が得られるであろう。また，特定の症状や状況への対応については，そのつど，複数のキーワードを用いて検索し，出てきた上から順にではなく，10数番目位までのなかで信用度が高いと判断される複数のウェブサイトにあたって，比較しながら情報収集するとよいだろう。

　また，対人援助職の知識と技術については，北米ソーシャルワークのベストセラー"Direct Social Work Practice 8th. Ed."（邦題『ダイレクト・ソーシャルワーク・ハンドブック─対人関係の理論と実践』明石書店，2016）に基本が網羅されている。図書館に入れるなどして参考書として活用してほしい[3]。

（1）身体と心の関係性

　「心身一如」という言葉がある。心と身体は一体であるという。たとえば「はらわたが煮えくり返る」（怒り），「肩の荷を下ろす」（安堵），「胃が痛い」（心配）というようなことわざを思い出してみよう。「教育相談」というと，どうしても心や行動の問題を解決するのだからと，心や行動に目が向き，心や行動と身体がつながっていることを忘れがちになるが，基本は身体なのである。

　たとえば，不登校の生徒が，朝お腹が痛いというのも，仮病であるとは限らない。学校に行くのが辛い，心がとても登校できないと訴えているが，一方で「行かなければならない」「みんなと同じように行けるものなら本当は行きたい」などと思っていて，心の中が矛盾している。それを言葉にできないし，言葉にしてもわかってもらえないと思うと身体が悲鳴を上げるのである。もう行かなくてもいいとなるとケロッとするので，「気のせいだ」「精神力不足」などという大人がいるが，朝の時点では実際に身体に不調が出ていて動けないのだから仕方がない。大人はむしろ，その生徒がどうしてそのような身体の状態になるのか，どのような心の働きがあるかに気がつかなければならない。

　心身症といって，心の問題が身体に出るという病気の状態もある。自家中毒，胃潰瘍，喘息，糖尿病，心臓神経症，アトピー性皮膚炎などは，ストレスで発症したり，ストレスがかかったときに悪化したりする。また，アレキサイミア

（失感情症）といって，自分の感じている感情を認識できずに身体症状に表してしまう病気もある。代表的なものの1つが食行動異常（摂食障害）といわれている。

このように，人が自分の身体の状態や感情に気づきにくくなっているときには，あるいは感情に気づくことができずにいる他者の状態に気づくためにはどうしたらいいだろうか。

最初に皆さんに取り組んでいただきたいのは「自分の心の動きに気がつく」ということである。なぜなら，まず教員が自分の気持ちに気がつくことができなければ，生徒や保護者の気持ちに「共感」することはできないからである。

自分の感情は知っているとみんな思っているが，じつは，フロイト（1917）が『精神分析入門』で指摘したように本当の感情は胸の奥にしまわれていてなかなか出てこないことがある。しまわれている感情にはしまわれている理由（今は受け止めきれない何か）があるので，急いで無理をして出すことはない。しかし，それ以前にここでまず気づいてほしいのは，もう少し日常的な感覚で，フェルト・センス（felt sense）というものである[4]。フォーカシングという「今，感じている気持ちにフォーカスする（焦点づける）」技法によって，ストレスのなかで感情を見失ったクライエントに「フェルト・センス」の状態を取り戻すように働きかけた。「フェルト・センス」は「自分に感じられた（feel ⇒ felt）感覚」つまり自分のなかにかすかにあるけれど日常ではあまり意識していないような感覚を「意識して感じたときの感覚」である。

■ワーク1　外に出て「感じられた感覚」を体験する

「感じられた感覚」を体験するために，さわやかな晴れの日に，教室を出て外気に触れてみよう。できる限り森林浴ができるような自然のあるところがよい。教室のなかにいるときよりも，外にいるときのほうが，自分の身体が解放されていないだろうか。ストレスを感じてイライラしたりくよくよしたりしているときに，狭く窓のないようなカウンセリングルームで自分の心と向き合うよりも，空気の動いている外を散歩することで晴れやかな気持ちになる場合がある。外に出て，今，自分はリラックスしているな，という感覚を覚えておこ

第1章　教員のための教育相談の基礎知識・基礎技術　17

う。それに比べて，教室にいるときの自分はどうだろうか。教室にいるときに感じる感覚と，外にいるときに感じる感覚のちがいを意識してみよう。それが「感じられた感覚」のちがいである。

　生徒たちもきっと同じである。朝から教室のなかにいるということは，人工的な光を浴び，電気製品から発生している音を聞き続け（教室で目を閉じて日頃から自分たちがどんな音を聞いているか耳を澄ませてみよう），身体が育つ時期に身体を動かさずにいるということである。新建材を使った密閉性の高い建物のなかにいるというのは，それだけで心身にとってストレスである。

　つぎに，相手の気持ちを慮る，共感することを考えてみよう。

　阪神淡路大震災のあとで，神戸大学精神神経科の中井久夫教授は医学生たちに現場に花をもっていくようにと声をかけたという。花は現場を「心理的に温める工夫の1つ」であった。また「被災者の傍にいること。誰か余裕のある人がいてくれること。それが恐怖と不安と喪失の悲哀とを安心な空気で包む」という。そこに必要なのは，工夫を凝らしたことばやカウンセリングではない。「話を聞いてあげますよ」「助けてあげますよ」という上から目線の存在でもない。ただ「気にかけて傍にいる」存在である。

　狭くてがらんとした「生徒指導室」でカウンセリングをしても心は柔らかくならないかもしれない。そこに自然の花を空き瓶に差しておいておくだけで，適温のお茶が出るだけで場が和らぐ。じつは教員にとってまず大切なことは，カウンセリングの技術を身につけて生徒の悩みを聞き出そうと意気込む以前に，そういうセンスをもつことではないだろうか。生徒の心を軽くするのは，生徒の「感じられた感じ」に気働きをみせられる先生のセンスなのである。

　そこで，五感（視覚・聴覚・嗅覚・触覚・味覚）のセンサー機能を確認しつつ信頼関係について考えるワークと，身体機能と心理機能の連動に気づくためのワークを紹介しよう。

■ワーク2　ブラインド・ウォークで信頼性を築く

　2人でペアになって，1人が目をつぶり1人がガイドになるワークである。

　目をつぶった人は五感の1つである「視覚」が使えなくなる。誰かに頼るし

かない状況のなかで，どういう条件が整えば，人は相手を信頼できるだろうか。ガイド役はどうしたら相手から信頼してもらえるかを考え，実際に言葉に出して相手をリードする必要がある。

①初めての人どうしでペアをつくる。
②お互いに軽く1分程度ずつ挨拶を兼ねた自己紹介をする。
③じゃんけんをして，目をつぶる順番を決める。
④ガイド体験役が前，ブラインド体験役が後ろになり，ガイド役の左肩にブラインド役が右手を載せる（右左は利き手による。あるいは，ガイド役の肘あたりの服をブラインド役がつまむ）。
⑤ブラインド役は目をつぶるか，手拭いなどで目隠しをする。
⑥ガイド役は，ブラインド役を連れて教室を出て，5分間ほどあちこちを歩き回る。その際，ブラインド役が「恐怖を感じないように」「この人は信頼してついていけると思えるように」，さまざまな工夫をする（信頼について考えることもこのワークの目的である。ファシリテーターは，ガイド役がふざけてブラインド役に恐怖を与えることのないように注意しておく）。

さて，行動を起こす前にガイド役はブラインド役にどんな声かけをすればいいだろうか。

「出発します。準備はいいですか」「あと三歩先に15センチ位の段差があって下に降りるから気をつけてね。ゆっくり行きましょう」

また，予測される不安な状況が起きる前に，一声かけることも大切である。「ひなたに出ます。急にまぶしくなりますからね」「まもなく横を人が通りますが，ぶつかることがないようにしますから大丈夫ですよ」

⑦ときには，ブラインド役に何かを触っても

図1.2　ブラインド・ウォーク

第1章　教員のための教育相談の基礎知識・基礎技術　19

らったり（触覚），何かを食べてもらったり（味覚），嗅いでもらったり（嗅覚）して，それが何かをあててもらうような軽い遊びを入れると，いろいろな工夫と発見がさらに新鮮な体験となるだろう。

⑧ガイド役が時間を図って，5分経ったら終了を告げ，交代する。

⑨10分後，教室に戻ってペアで座る。ここでお互いにお礼を言いたい。

⑩2組が一緒になり，初めての人と名前を言う程度の簡単な自己紹介をしてから，4人で今の経験を語り合う。「ほっとした声かけ」「怖かったこととその理由」「相手に対する気持ちの変化」「信頼するために必要だったこと」「信頼されるために必要なこと」の5点は必ず話題にする。

■ワーク3　リラックスした状態をつくる

あなたは，全身の力を抜いてリラックスすることができるだろうか。教員は「いつも正しくなければいけない」「権威でなければならない」と思っているうちに，肩ひじを張って緊張状態で生きることに慣れてしまうことがある。いつも自ら意識してリラックスした状態がつくれるようになっておこう。

①3人一組になる。3人をABCとしよう。天井の電気の照度を落とし，寝転がっても大丈夫なカジュアルな服装で，Aが教室の床に（必要であれば敷物をしく），上向きに寝転がる。

②Aはゆっくりと深呼吸を繰り返して軽く目をつぶる。落ち着いたら始めよう。

③Bが「手を取りますよ」と声かけをして，Aの片方の手首と手の平を両手でゆっくりと持ち上げて，左右前後に軽く揺すって脱力するように促す。

④力が抜けた状態になったら，BがAの手をそうっと離す。すると，腕が重力で床に落

図1.3　リラクゼーション

るはずである。ところが，A が緊張している場合は，腕に力が入ったま
まで力を抜く状態がつくれず，空中に手がそのまま残ったり，手を離され
る前に先取りして手を床に落としてしまったりする。C は観察する。それ
ぞれの役割を交代する。

　これは野口三千三氏による「野口体操」[5]をもとにしたワークで，自分が意
識的に脱力，つまりリラックスした状態をつくることができるかどうかを知る
ことができ，実際にリラックスする状態をつくる練習になる。やってみると意
外に力が抜けないことに気がつくだろう。どうしたら地球の重力に身を任すこ
とができるのか，教員としての自分や生徒たちが，日々，学校でゆったりと生
活できているか，それを妨げているのは何かについて考えてみよう。

（2）コミュニケーション
①信頼関係を確立する
　問題を解決するためには，当該児童・生徒，その保護者，チーム学校のメン
バーと学外の関係者など，まずその関係者との信頼関係を築くことが大切であ
る。とくに問題をかかえている児童・生徒には共感的な心からのかかわりが求
められる。支援する側に対して，支援される側が安心して自分をみせることが
できなければ，そもそも相談関係は成立しないのである。対人援助職としての
教員は，日頃から自分の対人関係のあり方の特徴を認識し，児童・生徒がどの
ように自分のことを捉えているかを確認し，児童・生徒に合わせた対応が取れ
るようになる必要がある。

　また，カウンセリングが成功して問題が改善する場合，その半分以上の要因
は，カウンセリングのタイプや内容によるのではなく，カウンセラーが身につ
けるべき基本的な技術と能力によるのだという。教員が教育相談をする場合も
同じである。まずはしっかりと出会う。コミュニケーションをとる。教員と児
童・生徒の場合は毎日出会うのだから，その出会いの際の一瞬の対応が相手に
与える印象が大きい。生徒たちは教員が日頃誰に対してどんな接し方をしてい
るのかについて多かれ少なかれ観察しているのである。

第1章　教員のための教育相談の基礎知識・基礎技術　21

ここでは，まず3つのワークで自分のコミュニケーションのとり方を振り返ってみよう。

■ワーク1　自分のコミュニケーションの特徴を知る

①よく知らないメンバーで5人一組のグループになってみよう。

・グループをつくる際，選好みしないで誰とでもグループになれるだろうか。

・自分から声をかけて，グループをつくることができるだろうか。

・グループメンバーの誰に対しても笑顔を向けることができるだろうか[6]。

良好なコミュニケーションは自然発生的には生まれない。よいコミュニケーションをつくるという意識をもとう。

②さあ，着席しよう。

・全員の顔が見られる正五角形をつくって座ろう。自ら率先して机や椅子を動かすことができるだろうか。

③1人1分間ずつ自己紹介してみよう（「自分の好きな授業」のようにテーマを決めて自己紹介するといい）。

・最初に自己紹介する人を決めるために，たとえば全員の中指の長さを比較して，一番長い人から始めるようにしてみよう。手を合わせることで皆の距離が少し近くなるだろう。時間は全体のファシリテーターがタイマーを示して指示しよう。

・自分はグループのなかでリーダー，サブリーダー，フォロー役のいずれになるだろうか。自分はどういうタイプか。それをポジティブに受け止めているか。あるいは変わりたいと思っているか。ほかの人からはどう見えているだろうか。

・自分はこのグループに参加して，これからともに時間を過ごすメンバーたちと折り合いをつけながらうまくやっていこうとしているだろうか。

・自己紹介するとき，ほかの4人全員をしっかりと見ながら話すことができるだろうか。

・人が話しているとき，話を条件づけずに積極的に聞くことができるだろうか。少し頷きながら聞くと話し手は聞いてもらっていると思えるだろう。

・人が話しているとき，もし自分と意見が異なる場合であっても「この人は
　こう考えるのか。なるほど」と関心をもちつづけることができるだろうか。
・そもそもこのワークを楽しめているだろうか。

このワークは，教員になったとき，どんな生徒・保護者・同僚とでもやって
いくためのトレーニングである。最初は緊張するかもしれない。初めての人に
対しては防衛反応が働いて，多かれ少なかれ皆そうなるものである。しかし，
そのあとで自分がこのグループのメンバーとして，このグループの雰囲気づく
りをする5分の1の責任をもっていることを認識して動くかどうかがポイント
である。1つのグループ，1つのコミュニティには自分とは気も意見も合わな
い人がいるものだが，もし担任がクラスのなかの自分と気の合わない生徒を避
けてしまったら，その生徒はそれからどうなるだろう。グループに参加してい
る全員が，お互いの好き嫌いを越えて，ともに生きともに学ぶ仲間としてお互
いを尊重し，お互いに笑顔を向ける努力をするかどうか，それがグループメン
バーとの最初の出会いから問われるのである。

教員がこれをできなければ，生徒にチームワークやクラスづくりについて語
ることはむずかしい。誰に対しても無条件に等しく関心をもつこと，これは教
育相談の基本のコンピテンシーであり，繰り返しグループワークをするなかで
身につけてほしい対人援助職の技術である。技術といっても表面的な愛想笑い
や小手先の対話技術ではなく，自分とグループのために必要なプロセスである
と本心から思えるようになることが肝心である。

■ワーク2　相手に声を届ける[7]

自分がことばとして発した音は，空気のなかを振動，つまり音波となって伝
わっていく。その音がきちんと伝えたい相手に伝わっているかを確認する。

①5人一組になろう。

②BCDが横に2メートル位ずつ離れて，後ろを向いて立つ。

③AがBCDの数メートル後ろ側からBCDのうちの1人に心をこめて伝え
　たい内容で声をかける。BCDは自分に声をかけられたと思ったら手をあ
　げる。Eはそれを観察する。

第1章　教員のための教育相談の基礎知識・基礎技術　　23

④ AとBCDの距離を少しずつ遠くしていき、Aの声が後ろを向いているBCDのうちの1人を振りむかせるほどの的確さで届くかどうか条件を変えて試してみる。

・BCDは声がしっかりと自分に届いたかどうかを、言葉の内容（たとえば「○○君、昨日の本返してよ」）ではなく、音で判断してみよう。

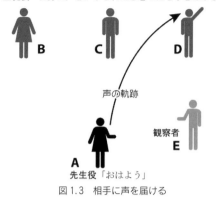

図1.3　相手に声を届ける

・Eは、Aの発した声の軌跡を皆に見えるよう大きく指と腕で空中に描いてみよう。Aを見ていてその様子で察するのではなく、声がどう空中を伝わっていったかを聴き取って示すのが役目である。

　人は会話をしているようでいて、じつは相手の話をよく聞いて意味のつながる対話をしているとは限らない。自分では届けたつもりでも相手に話が届いていないことはままある。たとえば教室で教員がいくら「静かにしなさい」といっても、「聞いているのか」と大声で怒鳴っても、その騒音が空中に浮遊しているだけのときもある。発声を繰り返しているうちに、大声を張り上げればいいというものではないことに気づくだろう。まずは自分が心を込めて本当に相手に伝えたいと思って声を発しているか、声が一人ひとりに届いているかを確認し、小さくてもいいから届く声、相手が聞きたいと思う声を身につけよう。

■ワーク3　出会い方を工夫する

　2人の人間が、田舎の畦道を遠く向かい合わせで歩いてきたら、お互いの存在を意識して何らかの反応をせざるを得ないが、都会の雑踏のなかを多くの人間が行きちがうときには全員を意識しては歩けない。小笠原流礼法では、相手とすれちがう際には自分が先に止まって、丁寧に礼をして、相手が行き過ぎるまでしっかり見送るのが基本であるというが、皆さんは普段どうしているだろ

うか。

　教員は，廊下であるいは校庭で児童・生徒とすれちがう。また教室で机間指導を行いながら児童・生徒の脇を通る。そんなときに，一人ひとりの児童・生徒とどのように出会っているだろうか。

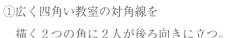
図1.4　出会い方を工夫する

①広く四角い教室の対角線を描く2つの角に2人が後ろ向きに立つ。

②ファシリテーターが合図の拍手をしたら，2人はその場で180度身体を回してお互いに向き合い，次に，ゆっくりと相手のもといた角に向かって歩いていく。その場にいるほかの者たちは，2人から離れた位置に立ち，2人の動きのプロセスを丁寧に追ってそこで何が起きているかを観察する役割を担う。

　すれちがいは1人だけの行動ではない。他者との関係性が微妙に測られ，相手を慮ったり無視したり，近づきたいと思う気持ちを表現したり抑えたりしながら出会っている。そういう自分の行動とそのときに抱いている感情にセンシティブになろう。録画をして，見直してみるのが最も効果的である。そして，

③自分が他者に対してどんなふるまいをしているか確認し，相手がどう感じたかを聞き，第三者からその関係がどう見えたかを聞き，自分のふるまいに意識を向け，必要であれば改善を図ろう。

　ここまで3つのワークをやって気づいた点について，日頃から意識を向けて，無意識に行動に出るようになるまで続けていこう。

②相手に寄り添う

　さて，信頼関係の基本となるコミュニケーションがとれるようになったら，児童・生徒は本心で話をしてくれるかもしれない。もし児童・生徒が話をしてくれたら，どんなふうに話を聞けばいいだろうか。

第1章　教員のための教育相談の基礎知識・基礎技術　　25

■ワーク4　傾聴する

　生徒役のA，教員役のB，オブザーバー（観察者）のCの3人一組になろう。A，Bの2人が90度の角度で座り[6)]，Cは2人のロールプレイングの妨げにならない程度で話が聞こえる位置に座り，2人の様子をスマホなどで撮影する。

　「中2の夏休みが明けた9月，Aが部活を辞めたいと担任のBに話しかけた」という場面設定でロールプレイを始めよう。時間は2分間である。

- ・AとBのどちらが多く話したか。話し手のAより聞き手のBのほうが多く話してはいなかったか。
- ・BはAの話を遮らず，共感的に積極的な関心を示しながら，自分の本心とずれがない状態で聞くことができたか。「Aはそう考えるのか」と思いながら聞くといいだろう。
- ・Bは自分の体験談をもとに説教を始めなかったか。
- ・Bは「辞めないほうがいい」「辞めてもいい」という自分の考えを最初からもって，話を聞いていなかったか。

　教育相談は，まず聴くことから始める。けれど，教員はいつも話すことになれているうえに，自分が正解をアドバイスしなくてはならないという上から目線の気持ちになりやすい。しかし，人は他人に相談する前に自分でいろいろと考えているはずである。たかだか2分間で初めて聞いて思いつく程度のことはすでに考えたあとである。相手の話を十分に聞かずに，自分の考えを話しはじめるのは，カウンセリングでもアドバイスでもなく説教である。もちろん，生徒が経験ある教員にアドバイスを求めている場合もあるだろう。しかし，生徒が自分で考えて自分で答えを導き出していくプロセスを支援するのがカウンセリングであり，「先生のおかげで解決しました」というのではなく「自分でこの課題を解決できた」という自律の感覚を自然にもたせることこそが，これからの人生を生きていく児童・生徒に対するカウンセリングの王道なのである。

　もし，生徒がことばに詰まっていたら，まずは待とう。少し助け舟を出すか，「なかなかことばにならないんだね」「待っているから，ゆっくり話してごらん」とサポートする。また，生徒から聞き取ることのできたことばや文の末尾

をそのまま繰り返したり，意味をまとめて「…ということかな」「…と思うんだね」と整理して言い換えたりすると，生徒は自分からいったん離れた言葉を，別の人の口から聞いて，自分の考えを吟味する機会を得ることができる。このように，親が幼児の言葉を繰り返して「ブーブー」→「ブーブーだね」「車だね」というような返し方をすることを「オウム返し」や「言い換え」という。また，適度なタイミングで相槌を打って，しっかり聞いているということを伝えることも大切である。

　このような聴き方をしていくことによって，児童・生徒は自ら自分の問題について話しはじめるだろう。そうしたら，あとはじっくりとひたすら，①傾聴する，②待つ，③整理する，④問題に焦点づけるの繰り返しである。ときには，内容に即したオープン・クエスチョン（回答が「はい・いいえ」で終わらずに広がる WH クエスチョン）で必要な情報を得てもいいかもしれない。しかし，思い出してほしい。問題解決の成否の大半は，プロでない教員が少々学んで身につけられるような簡単な技術や方法ではなく，この人に聞いてもらっているという安心感と信頼感にかかっている。

　③逆効果を生むコミュニケーション

　ところがこのように学んでも，多くの人は前項②「相手に寄り添う」のような聴き方ができない。どうしても先走ったり，自分の経験を話したくなったり，判断したり，自分の価値観に合わせようとしたりする。これらはみなカウンセリングにおいては，逆効果を生むコミュニケーションのパターンである。

　次にあげるのは，先述の『ダイレクト・ソーシャルワーク　ハンドブック』に出ている望ましくない応答の例である。

　①気休め，同情，慰め，言い訳

　②時期尚早にアドバイスをし，忠告や解決策を提示すること

　③皮肉やユーモアを用いて，クライエント（来談者）の集中を妨げたり，クライエントの問題を軽く扱ったりすること

　④裁くこと，批判すること，非難すること

　⑤論理的な議論，説教，指導，討論などによって正しい物の見方を納得させ

ようとすること

⑥分析・診断すること，軽薄なあるいは独善的な解釈をすること

⑦脅すこと，警告すること，反撃すること

また，気がつかない間にネガティブな非言語的メッセージを送っていることがある。肘をついたり，腕を組んだり，笑ってごまかしたり，スマホを見たり，下を向いたり，居眠りしていたりすることは，相手に「無視された」と思われる行為である。話を聞いているときには，相手に集中して注意を向けることが必要で，それは，相手のほうに身体を向け，身を乗り出し，目を合わせ，しかもリラックスした状態を保つということで達成される。

■ワーク5　コミュニケーションを修正する

効果的なコミュニケーションを妨げている傾向の修正は比較的短期間で可能である。新しいコミュニケーション・スキルを身につける一番の方法は，日常生活のなかで試してみることである。同僚や友人，家族や児童・生徒との対話において，信頼関係に基づいたよい話の聴き方をトレーニングしてみよう。まず，日頃自分が人の話をどう聞いているかチェックしてみよう。

また，ワーク3や4で撮影した録画を見ながら自分を振り返って，非効果的な応答を分析したり，どうしたらそうしないで済んだかについて考えてみよう。

（3）振り返り

振り返りならいつもやっていると思われるかもしれないが，さて，振り返ることによって行動は変わっているだろうか。

ここで紹介する「リフレクション（省察）」は単なる振り返りでも反省でもない。ある行動を起こしたときに，その行動を振り返ってみて，はたと思い当たることがあり，「次は少し行動を変えてみよう，そのために新たに学ぼう」と思うような体験を起こすことをオランダの教師教育学者コルトハーヘンは「リフレクション」と呼んだ。

ここでは，自分と相手の関係性についてのリフレクションを試みてほしい。

あなたが良かれと思っていることが，相手の視点からはどう見えているのか，

相手と自分の間に何らかの齟齬(そご)はないか。教育も教育相談も「相手に良かれと思ってする」行為であるがゆえに，それが本当に相手にとって良いことになっているかどうか常に振り返る必要があるのである。

■ワーク１　効果的なリフレクションの方法を知る

①あなたが誰かに対して何かを行ったときに返ってきた相手の言動に対し，
・漠然とあるいは痛切に感じた違和感や気がかりを１つ思い出す。
・そこで起きたことを，以下の８つの視点から振り返る。

②これを誰かに話したり，自分で書き留めたりして，じっくり検討してみよう。そして，８つの内容のなかで思い出せないところやずれがあるところに着目してみよう。思い出せなかったところは行動の際に意識していなかったところであり，ずれがあったところは違和感を生じる状況が生じた原因になっているところの可能性がある。

（例）自分は生徒たちにもっと学んでほしくて（自分のWant）これを教えればいいと考えて（自分のThink）一所懸命に説明した（自分のDo）けれど，集中しない生徒たち（相手のDo）にイラついて（自分のFeel）いた。生徒たちは授業がむずかしすぎると思っていて（相手のThink）つまらないと感じ（相手のFeel），早く説明が終わればいいなあと切望していた（相手のWant）という具合に。

③そこで自分のDTFWと相手のそれらとのずれにはっと気づいたら（ここで大切なことは誰かに教えられるのではなく自ら気づくことである）あのとき

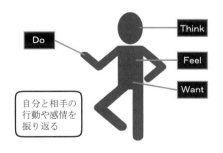

図1.4　８つの視点とリフレクション（省察）

どうしたらよかったのだろうと考えてみよう。
④そして，これまでとはちがう選択肢を探してみよう。このときすでにある自分のレパートリーを超えるためには，学んだり，探して吟味したり，つくり出したりするとよい。
⑤次に生じた同じような場面では別のやり方でやってみよう。失敗したら，またやり直して少しずつ改善を加え，らせん状によい方向に進んでいこう。

この一連の動き（図1.5）は，ALACTモデルと呼ばれている。自分の行動（Action：実践）を振り返って

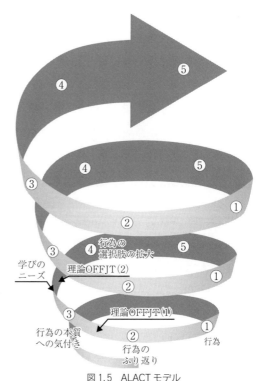

図1.5 ALACTモデル
出所：『教員のためのリフレクション・ワークブック』学事出版，2016，21頁

（Looking Back on Action），そこで起きていることの本質的な局面に気づき（Awareness of Essential Aspects），理論（すでに見いだされ実証されてきた先人の知恵）を参照して（Creating Alternative Methods of Action），次の行動に修正を加えていく（Trial）のである。注意してほしいのは，PDCA（Plan・Do・Check・Action）のように，計画から始まるのではないということである。このモデルは，すでに自分が行った行為から始まる。また，単なるチェックと反省でもない。自らの深い気づきが必要である。また，反省してすぐ次の行為にうつるのではない。そのとき自分に必要な理論を学ぶことによって，オルタナティブな（これまで慣れ親しんだ方法とは異なる）選択が可能になるのである。

あるとき，リフレクションの実習を非常に偉い先生が指導していた。先生方に「ここがこうだね」という指摘をしたところ，研修中の先生が「仰せのとおりです！さすがです，先生，僕は気づきませんでした」と感動しており，偉い先生も先生方も満足していた。これはリフレクションの最も大切なところ，つまり「自分で気づき自分で学び試行錯誤して解決していく」というところを骨抜きにしてしまう場面だった。リフレクションの際には，（生徒たちの学びと同様）気づきを促すような働きかけはあっていいが，自ら気がつく場を用意しなければ，本質的な変化は起きないということに気づいてほしい。

（4）アセスメント
①「問題性」と「強み」を理解する
　アセスメントとは，情報を収集して対象のイメージとおかれた状況についてのイメージをつくっていくことである。問題の渦中の児童・生徒がどんな対人関係をもっているか，どんな社会システムや環境のなかで生きているか，困難の本質や原因は何かなどを推論するのがアセスメントである。その後，当該児童・生徒とともに今後の目標を設定したり（インフォームドコンセント：適切な情報提供のうえでの合意），それをどう進めていくかを決定したり，うまくいっているかどうかを評価したりする際の基礎ともなる。

■ワーク1　家系図からアセスメントする
　児童・生徒の問題のもつ「問題性」と「強みやリソース（問題解決に役立ち利用可能な資源）」をアセスメントするためにどんな方略を使うか考えてみよう。たとえば，図1.6を見てほしい。Aの家族や親戚の家系図（ジェノグラム）である。家系図にはたくさんのデータ，情報，リソースが書き込まれている。
　アセスメントの際には，自分のもつ価値観や文化による価値づけが入り込んでいないかどうか慎重にチェックする必要がある。たとえば，ひとり親の子どもは愛情不足であると決めつけたり，親の学歴や職業で子どもを判断したりするようなことをしていないだろうか。
　教員としては，児童・生徒の「病いや問題を診断し理解」することよりも，

第1章　教員のための教育相談の基礎知識・基礎技術　31

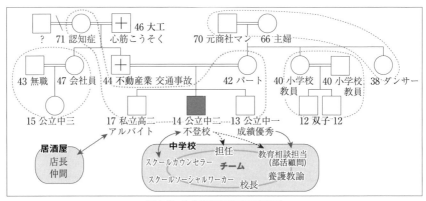

図1.6 Aの家族や親戚の家系図

　その児童・生徒がどんな思いで毎日を過ごしているのか，誰とどうつながっているのか，ほっとする瞬間はいつどんなときなのか，さまざまな制約のなかで使えるリソースは何か，二次的な問題を生じない工夫は可能か，卒業後どんなふうに生きていくことができるかなどと思いめぐらせ，状況を理解し共感し，自分にできることとできないことは何かを考えるためにさまざまな情報を客観的に受け止め活用する力をつけることが求められる。

②「問題」と「成長の契機」を理解する

　さて，人は成長過程で壁にぶつかっては乗り越え，問題に向き合っては伸びていく。教育相談は，問題をかかえた児童・生徒や，大人や社会のあり方に疑問を感じて抵抗を試みる児童・生徒がむしろそれをきっかけに成長していけるよう余裕をもって見守る人生の先輩としての大人たちの営みといえよう。もし問題も失敗もない子どもがいるとしたらそれこそが問題である。

　図1.7を見てみよう。乳幼児期から大人になる発達の途上で，子どもたちはさまざまな体験をする。学童期までに体験できなかったことやうまくいかなかったことは，成人になる前の思春期にもう一度やり直しをする機会がある。この頃のことを反抗期と呼ぶことがあるが，それは大人目線の言葉であって，本人たちからすれば自己主張する力がついた証，自分でやってみようと試行錯誤する自己主張期と呼ぶこともできよう。友だち関係の挫折，勉強やスポーツ

ができないこと，理不尽な扱いを受けたこと，家族のいざこざなど，いろいろな問題が起きたとき，子どもたちが自分の力で問題を克服するために，周囲の大人たちがどう見守りつつ援助できるかが，子ど

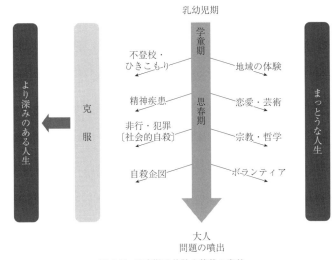

図1.7　思春期の体験や葛藤の意義
出所：『子ども家庭福祉の世界』有斐閣，2015年，138頁を改変

もたちの将来の人生を切り開く力にかかわってくる。

　ある生徒は学校に行けず，ある生徒は心を病み，ある生徒は非行に走り，ある生徒は自殺を図るかもしれない。いっぽう，ある生徒は地域の祭礼の神輿担ぎにはまり，ある生徒は恋愛に夢中になり，ある生徒は災害ボランティアで目を見開く。そんな洗礼を受けて，児童・生徒は若者になり大人になっていく。それらを「問題」とみなすか「成長の契機」とみなすか，それはその大人次第ということになろう[9]。

③心理テストを活用する

　児童・生徒の心の状態を把握し，回復可能性と手立てを探るために，専門家は心理テストを使うことがある。心理テストは占いではない。科学的に効果を検証された，技術を伴う判定のツールである。「○○が出ていたら△△の状態」というお託宣のような安易な結びつけをするものは信頼性が低い場合が多く，心の状態はインターネットなどで安易に判定できるものではない。したがって自己流の判断は避け，専門家によるテスト結果の解釈を参考にしながら，自分の目の前の児童・生徒の事実と照らし合わせて対応を考えよう。よいテスター

は心理テストの結果のみならず，応答のプロセスで被検者の回復可能性を見い
だし，治療への活用を提案することができるものであると知っておこう。

④問題行動の意味を捉える

さまざまな環境の下に問題をかかえた児童・生徒が学校で問題児と呼ばれる
が，「問題をかかえた子どもはいても問題児はいない」と考えてほしい。たと
えば，いじめ，万引きやカツアゲ，盗みなどの金銭問題，無気力・ひきこもり
傾向，性的逸脱，学力低下などの問題は，彼らがあえて大人の関心を引くよう
な行為をしてみせているということもできる。

「症状は言葉である」というイタリアのマノーニの言葉がある[10]。児童・生
徒の呈する問題行動や症状は「自分ではコントロールできない問題が自分の身
に起きているから誰か助けてください」という言葉の代わりであり，救助を求
める信号と理解することができるのである。

上記のいずれの問題においても「どうしてそのような状態になってしまって
いるのだろう」という問いなくして解決はみえてこない。エネルギーが外に向
く児童・生徒は外的に問題を起こし，非行に走りやすい。エネルギーがうちに
籠る児童・生徒は内的に問題を生じ，心の病気になりやすい。エネルギーの向
かう方向性が異なるが，いずれも自分ではコントロールできなくなった問題を
解決するために，別の問題を起こしているのである。

また，どうしてそれが問題なのだろうという問いが必要なときがある。たと
えば，スマホやネットの使用について，かつては禁止されていたが，今は授業
で使うために iPad を支給する時代である。iPad よりスマホを使ったほうが効
率的な場合もある。茶髪を禁止している学校は多いが，大人の大半が髪を染め
ている時代に，いつまで禁止されつづけるだろうか。かつてロックミュージッ
クが大人たちに理解されなかったように，時代の先を行く子どもたちを大人は
なかなか理解できない。「問題」が「問題」であるかどうかについて，根本か
ら問うこともまた，大人に求められるマインドのチェンジである。

（5）マクロな視点からのアセスメント

①エコロジカル・システムを理解する

さて，不登校という問題を考えてみよう。もし，不登校の生徒が1人クラスにいたら困るのは誰だろうか。まず学校に行けない生徒本人は困るだろうが，そのほかにはどうだろう。生徒の家族（親，兄弟姉妹），担任の先生，友だち…そのくらいだろうか。

では，不登校の生徒がクラスに3人になったら，学校に10人になったら，地域で100人になったら，日本中で何万人になったらどうだろう。

教育相談・生徒指導担当の先生，校長先生，教育委員会，文部科学省…どんどんみんなが困っていく。子どもに教育を受けさせるのは国民の義務であるから，家から出られず教育を受けないでいる子どもがいるということでは，国民が困ってしまう。もし教育を受けず働くこともできない若者が何万人にもなると，労働力とならず税金が払えない国民が増え，むしろ税金で生活を保護する対象となる。こうなれば財務省も経済界も困ってしまう。不登校は当人の問題だけではないのである。

かつてほとんどの子どもたちが，学校が大好きだった時代がある。今でも世界中に学校が大好きという子どもたちがいる。学校に行きたいと心から願っている子どもたちがいるのに，日本の子どもたちはぜいたくなのだろうか。

少し見方を変えてみよう。

今から40年前の1978年ごろ，出世コースから外れて閑職についた中高年サラリーマンを揶揄する言葉として流行した「窓際族」という言葉を知っているだろうか。仕事がないのに座っていなければならないというのは辛いものだ。

では，授業がまったくわからないのに机に座っていなければならない児童・生徒はどうだろう。小学校低学年で落ちこぼれ（され）たら，その後数年以上ずっと同じ状態で月曜日から金曜日まで意味なく座っていなければならない。消しゴムのカスで遊んだり落書きしたり鉛筆を回したりしていると先生に叱られ，周りに話しかけると煙たがられる。それが何年も続く。そこで声をかけてくれた不良少年たちに急速に接近し悪さをするのが生きがいになるというのは

よくあるパターンである。実際，勉強がわからない，ついていけないままで授業が一方的に進んでいくという状態は，日本の教室では多くの児童・生徒が体験している状況である。このような状態が子どもたちのウェルビーイングを損ねているとはいえないだろうか。

いっぽうで，授業の説明がすでに理解できていてつまらないと思いながら教室にいる児童・生徒はどうだろうか。彼らも時間つぶしをして毎日を過ごしており，他方，優等生であるがゆえに1点でも点数を下げると自分の価値が下がるように思って気を抜けずにいる状態である。このような状態も子どもたちのウェルビーイングを損ねてフラストレーションを溜めており，これらの児童・生徒が一見理解不能ないじめなどの問題行動を起こすことも少なくない。

かつて，勉強を一所懸命すればいい仕事につけていい生活ができるという時代には，勉強の意味が子どもたちにもわかっていてがんばることもできたが，今の時代は高等教育に進学したからといって必ずしもいい生活ができるわけではなく，立身出世した人が人間として尊敬できる人たちであるとは限らないのは毎日のニュースをみていれば子どもでもわかる。

さまざまな学校の辛い状況に耐えているうちに，周囲の人たちが自分を襲ってくるゾンビに見えてきて，ゾンビのなかで暮らしているような気分が続き，いつも緊張していて体調もすぐれず，だんだん学校に行けなくなって自室に引きこもり，インターネットの世界で憂さを晴らし，「いつか社会に飛び出していって，ゾンビを退治して自分も死ぬのだ」というような妄想をもちはじめる。そういう状況にまで追い込まれた末の犯罪が，秋葉原連続殺人事件（2008年）の被告ではなかったか。この犯人に今もなおネット上で共感の意を表明する子どもたちが続いているという状況は一体どうしてつくられてしまうのだろうか。

先に記したように，これらは「特殊な個人の問題」であると同時にそうではなく「社会と教育の問題が，ある個人の問題として象徴的に可視化されたもの」とみることができる。このような問題の捉え方をエコロジカル（生態学的）なものの見方という。つまり，特定の個人の問題の背景に，家族，コミュニティ，社会システム，文化，価値観，政治や経済，法律などが輪廻転生のよ

うにつながっており，それらの帰結として，社会的に最も弱い立場にいる，周囲から排除されやすい者たちに問題が起きることが多いということが，システム理論では確認されているのである。

②問題の発生を構造的に理解する

あなたは，いろいろな犯罪者の成育歴を読んだことがあるだろうか。あるいは精神病者の事例をたどったことがあるだろうか。『ピノキオから少年へ』[11](村瀬嘉代子，初版1984）は，学校や家庭での暴力や逸脱行動など重篤な問題をかかえ，学校からも治療機関からもさじを投げられた「まるでピノキオのような」少年とその家族を支えた2年余にわたる症例報告である。暴力を繰り返し，教員たちからは精神障害者であると烙印を押されて見放された少年が，教育相談室でカウンセラーにその心を癒されていくことで，みなとともに生きられる人間になっていったこと，むしろ模範的な青年と評されるまでに変化していったことが記述されている[12]。周囲の大人（親や教師）の言動が子どもに与える影響の大きさと，もし彼らに見捨てられてもカウンセラーやコミュニティの人々に支えられることで，子どもたちが健やかに育っていくことも人生を変えていくこともできるという事例である。執筆されたのはずいぶん前だが，教育相談に多くの示唆を与える内容である。

自分がどのような環境に生まれ落ちてどのように育てられるかを人は選ぶことができない。貧困家庭，虐待やDV家庭の子ども，裕福だけれど心の通わない仮面夫婦や離婚寸前の両親の下で生活する子ども，嫁姑問題や跡継ぎ問題で揺れる家庭，犯罪者や精神遅滞，うつ病などの精神障害の親をもつ子どもなど，親族まで含めて考えてみたら，問題のない家庭のほうが少ないだろう。その影響をもろにかぶるのは，そのタイミングで一番弱い立場にいる成育途上の子どもである。しかし，彼らはその人生を背負っていかなくてはならず，そこから抜け出すことがもしできるとしたら，家庭外の生活，つまり地域や学校のなかで安心できる場を得る機会と安心な人たちと出会う機会をもつことだろう。

ここで考えてほしい。もし，『ピノキオから少年へ』の主人公がカウンセラーによって救われることなく，社会を恨んでついに殺人を犯してしまってい

第1章　教員のための教育相談の基礎知識・基礎技術　37

たとしたら…。また，イラク・シリア・イスラム国（ISIS）などにおいて，親を殺されたうえに誘拐され，憎しみを高めて殺人するようにトレーニングされた少年兵が殺人を行ったら，彼らは死刑にされるべきだろうか。

　生きてきた年数，いつの間にか環境によって犯罪や殺人に向かうように導かれてきた人がいるとしたら，あるいは過度のストレスを受けて精神的に崩壊していった人がいるとしたら，その人は死刑にされるべきだろうか。赤ちゃんのときから犯罪者や精神病者に方向づけられた者はいるのだろうか，それともいかなる人も生まれたときは，他者も自分も傷つけることなく幸せに生きていく可能性をもっていたのだろうか。

　まず，事実をおさえたい。犯罪者は，どのように扱われれば再犯しなくなるのかである[13]。ここでは，犯罪率も再犯率も低いノルウェーの例を考えていこう。

　現在，ノルウェーにおいて，刑務所に入った犯罪者は，そこで今まではぐくまれなかった家族や人という存在のあり方を学び，温かい人間関係を体験し，スポーツを楽しんで健康的な生活をし，毎日仕事をして安定した生活を送ることになっている。恵まれた生活を刑務所のなかで刑期の間（最長 21 年間）続けることで，生活とは，人生とは，幸せとはということを，特別な資格をもつ刑務官たちとともに学んでいく。彼らを，不幸な環境で育ち不幸に負けてしまった人間たちとして，なぜそうなったか成育歴から検討し，どうすればよくなるだろうかと考え，自分たちと同じように生活できるようにできるはずだと考える。同時に，もしかしたら自分も犯罪者に転がり落ちている可能性があると考えるのである。このように思考し，更生を図る取り組みによって，ノルウェーは再犯率を 16％と低くすることに成功した。一方で残された被害者家族のケアのためには，手厚い保障と心理的サポートを提供している。実際，死刑によって犯罪の抑止がなされるという証拠はなく，死刑のためのコストは犯罪者を生かしておくよりも高くなるといわれている[14]。そうして今ではノルウェーをはじめとする世界 141 カ国が死刑を廃止し，社会の安定を図っているのである。

刑務所内の「教育」が功を奏しているのだとしたら，同様に，教育相談とは，問題を生じている子どもの問題を解決することによって，子どものいる学校コミュニティ全体がお互いの人生を尊重し，一人ひとりの人生に思いやりと共感をもって，そこにかかわる人たちが育っていくプロセスを体験していくことだといえるのではないだろうか。

■ワーク１　人間の教育可能性を考える

　映画『マイケル・ムーアの世界侵略のすすめ』[15]のなかのノルウェーの刑務所を紹介したパート（20分）を見ると同時に，アムネスティ・インターナショナルなどの死刑に関する資料を調べ，人間の教育可能性について議論してみよう。

（6）教育相談の目標設定

　改めて考えてみよう。教育相談の目標は何だろうか。登校するようになることか。担任の言うことをおとなしく聞くようになることか。問題解決というのは誰にとっての解決か。

　心の問題は，今，問題を起こすと大切な人に迷惑をかけてしまうという状況やよりひどい状況に陥ることが明白なときには，引っ込んでしまう場合がある。

　教育相談において，校長先生が「学校に来たら僕と握手しよう」と言って不登校の児童と毎日校長室で握手をして問題解決したと思っていたら，中学校になったらまた行けなくなったとか，やはり校長先生が虐待していた父親に「男の約束だ。もう暴力は振るわない」と言わせたあと，虐待が潜在化してしまって，結局，児童が死亡したとか，震災直後になにごともなかったように生活していた児童・生徒に数年後からPTSD症状が出始めたとか。これらは，目の前に見えている問題が見えなくなったら「問題はない」と考えてしまう短絡的な発想による一時的解決である。

　心の問題は，問題をかかえている児童・生徒がウェルビーイングな状態で生きていられる状態を獲得し，それを後々まで継続できるかという視点で受け止めなくてはならない。そのためにきちんとアセスメントして，安易に表面的な

解決を急ぐことのないよう，目標設定を子どものウェルビーイングにおく必要があるのである。

3 予防の取り組み

（1）学級の風土づくり

　子どもたちの成績低迷も含めた学校で起きる各種の問題は，学校風土や学級風土の反映である場合が少なくない。いじめをなくそう，忘れ物を減らそう，学力低下を防ごうなどと思ったら，そこで生活している多様なメンバーが互いに協力しあい，誰一人として排除せず，気の合わないメンバーとも落としどころを見つけてうまく折り合いをつけ，互いから学び合う関係性をつくるのが一番である。授業中に同じ教室にいる児童・生徒どうしが黙って関係をもたないというのはたいへんもったいない状態で，教員が教えるよりもむしろ児童・生徒どうしの『学び合い』[16]が進む条件を整えたほうがよいという考え方もある。アクティブ・ラーニングが推奨されるなかで，学力向上だけでなく，学級風土を変えていく方策として参考になるだろう。

　なお，担任が，学級の特定の児童・生徒を「いじる」ことで，学級の求心力を高めてまとめようとすることがあるが，いじられる生徒はたまったものではない。にこにこと笑ってやり過ごしたり，むしろそれに乗る形で自分の存在を認めてもらおうとしたりすることもあるので，わかりにくい面もあるが，「いじる」と「いじめる」は紙一重であるということを認識し，教員が率先する「いじり」は決してしないように心しておくことを求めたい。

（2）いじめの発生機序

　さて，同様に，学級経営のなかでいじめがどう生じてくるかについて考えを深めていこう。1つの事例から問いかけてみたい。

　「ある子どもがその養育環境によって，クラスメートから好かれない性格に育ったとしたら，その子どもはその性格を理由にいじめられても仕方がないだろうか」という問いである。以下の文章をまず読んでほしい。

生徒Aははっきりものをいう性格だった。あるとき生徒Bが自分の価値観と異なる発言をしたときに，生徒Aは生徒Bに対して批判的な発言をした。その発言に生徒Bはイラっとして，周囲の友人に「こんなふうに言われた」と言って共感を求め，周りの生徒たちは「それはひどいね」と言った。かねてから生徒Aの物言いに若干の行き過ぎを感じていた教員は，その話を聞いて「うん，それは確かによくないな」と言った。生徒Bは勝ち誇って生徒Aに「おまえちょっと態度悪いんだよ」と言った。周囲の友人たちも「そうだよ，悪いんだよ」と言った。

　生徒Aは，自分は正しいことを言っただけなのに何が悪いのかわからなかったし，関係ないみんなにいろいろ言われる理由もわからなかった。でも，教室に行くと，みんながなんとなく避けていることが伝わってきた。Aは，先生に助けを求めたが，先生は「お前も少し考えてみたら」と言った。

　その後からだ，生徒Bを始めとして，クラスメートがみんな，生徒Aをのけ者にするようになった。生徒Aは必死に何とかみんなに受け入れられようとした。自分にどこか悪いところがあるのだろうかと胸に手を当ててみても思い当たるところはない。Aは学校に行くのが憂鬱になったが，親には言えない。学校ではいつも一人本を読んで過ごすようになった。成績は悪くなかった。先生には「もっとみんなと仲良くしたらどうだ」と言われた。翌朝，生徒Aはお腹が痛かった。学校に行けなくなった。

さて，ここで，考えたいのは次の2点である。

①いじめはどういうときに起きるのだろうか。

②教員は，このようないじめを予防できるだろうか。あるいはここからどう動くことができるだろうか。

いじめは，戦争と同じく「正義」の名の下に実行されることが多い。曰く「あの子は性格に問題があったから，私たちは何とかしなければならないと

第1章　教員のための教育相談の基礎知識・基礎技術　41

思ったのよ」「いちいち気に障るんだよね」「約束を破った」というふうに。セーラームーンも○○レンジャーも桃太郎も「正義のためであれば，悪役をお仕置きしていい」「自分たちこそ英雄だ」という論理で展開される。鬼の立場からいえば，自分たちが平穏に暮らしていた鬼が島にやってきたのは侵略者である桃太郎であり，桃太郎によって鬼の家族も家も生活も崩壊するが，人間側はあくまでも「私たち人間にとって不都合な者は成敗していい」という論理で物事を進めていく。

　死刑制度の議論で説明するように，鬼や犯罪者や侵入者には，彼らなりのやむを得ない理由や気がつかない問題があって，相手に不都合なことをしてしまったのだけれど，だからといって誰かが彼らを排除していいかというと，誰にもその権利はない。

　いじめの背景の「片側の正義」の論理に気づかないといじめはいつでも発生し正当化され，ときに賛美され継続する。自分たちの正義のために他者を私刑にする権利は誰にもないということを私たちは認識しておかなければならない。

（3）教育相談担当にできる予防活動

　児童・生徒も教員も人の間に生きている。多方面の複数の多様な人間との複雑なかかわりのなかで支えられて生活している。どこかでぶつかることがあっても，別のどこかに逃げ場や休憩する場があること，一時的な避難所があること，条件を付けずに存在を丸ごと受け止めてくれる人がいること，単一ではない価値観が併存していることが，人を絶望の淵から救い出す。

　したがって，教育相談活動は，それらの多様な存在と多彩な機能をリソースとして活かしながら，有機的な結びつきのなかで連携して進められることが望ましい。現在，非常勤やボランティアも含めてさまざまな職種，立場の専門家が学校に入っており，それらのメンバーが一堂に会して情報を共有することは困難かもしれないが，それらの関連性と動きを教育相談担当が掌握できるようにシステムを整えておくことが求められるだろう。

　実際に教育相談の担当になったら，どうしたらいいだろうか。まず，本書を

読んで知識を手に入れ，次に，ここ数年よい教育相談活動ができている学校（問題を抑え込んでいる学校ではなく，児童・生徒がのびやかに生活しつつ問題が起きていない学校）の担当から情報提供を受けよう。学校内外のネットワーク・システム，管理職・同僚・他職種（養護教諭・特別支援教育コーディネーター，生徒指導担当含む）との連携の構築（チーム学校），相談室のセッティング（評判のいい現場の見学），危機介入の際の動き方，学内外および児童・生徒への広報，PTA やボランティア学生との関係，校内研修やケースカンファレンス（事例検討会議）のあり方などについて確認する。関係者とすぐに相談できる関係をつくることは何より大切である。

（4）心理教育プログラム

　児童・生徒の心を育てていくために，あるいは，生じた課題についてみなで考えていくために，ホームルームや総合的な学習の時間などを活用してさまざまな心理教育プログラムを導入することが効果的な場合がある。スクールカウンセラーに相談して適切なプログラムを紹介してもらったり，インターネットや書籍で情報収集して学んだり，研修を受けてみたりしてみるとよいだろう。世界各国で多彩なプログラムが開発されているので，そのとき，必要なものを選択したい。

　たとえば，クラスづくりのために，プロジェクト・アドベンチャー，構成的グループ・エンカウンターのワークを取り入れたり，自己理解・他者理解やコミュニケーション能力の向上のために，交流分析やアサーション・トレーニング，ストレスマネジメントを取り入れたりするといいかもしれない。ソーシャルスキルトレーニングは，具体的に社会で役立つふるまい方を学ぶために適している。マインドフルネスの導入にあたっては，目の前の子どもたちにとって，彼らの心を静める方向と十全に発散できる環境を整える方向のどちらがより適切か慎重に検討したうえで考えてみてほしい。子どもの場合はむしろ発散が必要な場合のほうが多いのではないだろうか。

　ただ，心理教育プログラムはちょっとやってみると「ファシリテーションが

おもしろい」ために「生徒とやってみたい」という願望が生じる場合がある。心を扱うワークであるがゆえに，実施前に，本当に子どもたちにとって必要かつ適切なプログラムであるかどうか，自分の興味関心を満たすために実施するのではないか，必ず慎重に検討しよう。

（5）みんなの人権

予防について考えるにあたって，改めて教育相談における最も基本概念である「人権」について記述しておく。序章で取り上げた国連子どもの権利委員会の勧告のもとになっている，子どもの権利条約そのものについてである。人が幸せに生きていくために，尊厳を守られていいことを知らない子どもたちと，子どもたちの尊厳を守ることを知らない大人たちに，言葉でそれを伝えることができる文章が子どもの権利条約[17]である。

人権：human rights とはどのようなものか説明できるだろうか。人として生まれながらにして当然もっているべきものの集合体のことを人権という。

残念ながら，日本人は，人権というと，貧しい人，虐げられている人，紛争地域の難民，生活保護を受けている人，女性や子どもや高齢者など，可哀想な境遇にある人たちを守ってあげるためのものであり，自分たちの人権は保障されていると思っていることが多いようだ。たしかに日本の子どもたちの多くは，食べるものも住むところも着るものもあり，清潔で安全な町に住み，戦争や児童労働もなく，テレビやゲームを与えられて，学校にも通えている。人権侵害なんてとんでもないと思っている人がほとんどだろう。そんななかで子どもの権利を強くいうのは，今でさえわがままな子どもたちをさらに助長するだけという考え方もある。それは本当だろうか。章末の「深い学びのための課題」に取り組み，ぜひ考えてみてほしい。

4 教員自身のセルフケア

（1）自分の心のケア

教員は，生徒たちの心の問題に対処する以前に，自分個人の育ちのなかでか

かえてきた課題に対処し，家族との関係を調整しつつ，たとえ学校生活がストレスフルであっても自分の心の安定を図る工夫が必要である。

よい教師でいようと思うと，自分よりも生徒，自分よりも学校を優先して，自分の心身が限界に向かっていることに気がつきにくくなる。また，どんなに健康な人でも，睡眠が不足すれば，思考がネガティブになっていくこともある。

OECDの国際教員指導環境調査（TALIS, 2013）では，日本の中学校教員の多忙さは世界一といわれており，ウェルリンクの調査[18]によれば，「児童生徒の訴えを十分に聴く余裕がない」とする教員は61.5%に「児童生徒にうまく対応できない」とする教員は18.8%に及んでいる。さらに厚生労働省の統計によれば，近年，精神疾患による教員の病気休職者は5000人前後で推移している。さて，このような状況のなかで，あえて使命感の強い，将来の社会をつくる，やりがいのある教員という職業を選択した場合に，自分の心を予防的にケアするために知っているといい知識と技術を身につけておくことは必須といえよう。

（2）ポジティブ思考

ポジティブ心理学という学問分野ができるほどに，私たちは，自分のどこが悪いのだろう，どこを改善すればいいのだろうというネガティブ思考をもちがちである。本来，内省は必要で健全な発想だが，ネガティブになり過ぎて自分を責める必要はない。しかし真面目なタイプの教員はとくにその傾向が強い。

幼少期にとりわけ親からの禁止が多かったりルールを厳しく設けられたりしていた人は，親から離れても自分をそれらの禁止命令やルール（超自我）で縛りつけてしまうことがある。日常生活のなかで「○○すべきだ」「○○しなければ」「やっぱり○○だ」という言葉をよく使う人は，とくにそういう傾向が強いようである。

■ワーク1　ポジティブに応答する

①2人一組になって，1人1分ずつで，簡単な自己紹介と自分の尊敬する人の話をしよう。ア）その人はどんな人か，イ）自分とどんな関係か，ウ）

どんなところが尊敬に値するのかを相手の人にわかりやすく説明しよう。

②話を聞く人は，相手の話を黙ってうなずきながら聞き，話している様子から，その人のよさを感じ取ろう。話が終わったら，私はあなたがこんな人のように思える。なぜなら…と説明しよう。

③あなたはどんな傾向をもったどんな人だっただろうか。まずは自分のいいところを認識し，視点をポジティブにもとう。人は誰でもその核（コア）な部分にその人特有の資質をもっているし，自分なりの人生のミッションをもっている。あなたにとって大切なものを大切にしよう。

さて，ポジティブにものごとを捉える力は，もちろん誰に対するときにも役立つ。児童・生徒や保護者，同僚に対してどうしてもネガティブに思えるとき，そこで出てきたことばをポジティブに置き換えるようにしてみよう。少女ポリアンヌ[19]のように楽観的になるには少しトレーニングが必要かもしれない。

（3）心の病

心の病の多くは，漫画や小説あるいは映画になっているので，むずかしい本を読む前に一度そういうメディアにふれておくとイメージがつかめるだろう。

とくに多くの教員が"まさか自分が"と思いつつなってしまうのが「うつ」である（ただ，うつ病の診断は基本的に自己申告によるので，診断された人すべてがうつであるかどうかの判断はむずかしいと言わざるを得ない）。朝，なかなか起きられなくなったり夜なかなか寝つけなかったり，今までできていたことができなくなったり，やる気でいたことが目の前に来たらやる気が出なかったりして，最初はちょっとがんばれば何とかもとに戻るので，自分は怠けていると思う人が多い。元気なときもあって，そんなときには今までどおりにできると思うので用件を入れてしまうけれど，実際には身体が動かなくなってしまって，頭のなかは否定的な考えで一杯になり，周囲に迷惑をかけたと思うといたたまれず，自分を責め，つけを返そうとこれまで以上のことを計画し，実際にはできずに落ち込んで，悪循環が始まる。自分で知らず知らずの間にストレスをため込んで，ゴムが伸び切った状態になり，これ以上がんばることができないという様

相である。

さて，こうなる前にまずは休むことが必要だが，気持ちが焦ってしまって休めといっても休めないのがうつ病の症状でもある。周囲の教員が気づいて配慮できるような学校コミュニティが求められる。

また，別の心の病が疑われるときも，風邪と同様に早めの対応が必要である。対応の遅れは予後にも影響する。有給取得すらもたいへんかもしれないが，悪化して大事にならないよう専門医の診察を受けるか，学内のカウンセラーに相談してみよう。

（4）予防的な学校コミュニティ

ストレスのない理想的な職場であれば，誰も心の病にはならないはずだが，それでもさまざまな個人的理由もあって具合が悪くなることはある。そうなったときにお互いにフォローしあえる関係性を日頃からつくっておくことが大切である。生徒たちの問題の予防にもなる。職員室の風土は，学校風土をつくり学級風土をつくるのである。管理職や教育相談係が率先して「月曜日に行きたくなる学校」をつくる工夫をしていこう。

たとえば，フラットに雑談が話せる関係性をつくるために，話しやすい交流スペースを設けることやミーティングの前に簡単なアクティビティ[20]を必ず数分入れる習慣をつくることは有効である。ミーティングの貴重な時間をアイスブレークに使う余裕はないと最初は反対もあるかもしれないが，これを年度の最初から習慣づけることで進行がスムースになり，人間関係がよくなって，結局は短時間で合意にこぎつけることができるようになる。ストレスを減らすので心の病の予防にもなるのである。

また，そういうときにはできれば非常勤の教職員も参加できる時間設定がいいだろう。ほころびは小さな行きちがいからできてくるものである。学内の教職員全員がお互いの特徴を知り，たとえ気の合う／合わないがあっても，対話を試み，折り合いをつけるようなコミュニティが，結局は全員にとってよいコミュニティになるのである。教育相談係はそういう説明をして，たとえば第1

第1章　教員のための教育相談の基礎知識・基礎技術　47

章（2）のワーク1のようなグループづくりを，メンバーを変えて繰り返しやってみるといいだろう。

（5）専門家への相談

心の病の診断や治療に関しては専門家に任せるとして，ここでは，

①　自分が病気になったときに気づけるように，病気の症状を知っておくこと，

②　自分を責めて閉じこもったり恥じたりする前に人に相談すること，

の2点を改めて強調しておきたい。

また，③信頼できる専門家と日頃からつながっておく。これが何より大切である。自分の大切な人を預けていいと思うくらいに信頼できる専門家をそれぞれの分野（心理カウンセラー，児童精神科医，ソーシャルワーカーなど[21]）にもっておくことをお勧めする。もしそういう知り合いがいなければ，スクールカウンセラーや養護教諭，スクールソーシャルワーカーや保健所が相談に乗ってくれるかもしれないし，紹介してくれるかもしれない。

（6）相談と診療

病院であれば保険診療か自由診療かで診療内容や診療代が変わる。内科や精神科，心療内科（診療科目名は医師が自分で決めるので，メンタルクリニックや神経科のような柔らかい診療科目名にしていることもある）の場合，数分話を聞いて薬や診断書だけ渡す医師と1時間前後のカウンセリングをする医師や心理カウンセラーがいるので，希望する診療を受けられるところを探してみよう。保健所などに問い合わせてみてもよい。臨床心理士や公認心理師を養成している大学には付属の相談機関があることが多いので，ウェブサイトで調べてみるのもよいだろう。

深い学びのための課題

1. 子どもの権利条約第 42 条には「締約国は，適当かつ積極的な方法でこの条約の原則及び規定を成人及び児童のいずれにも広く知らせることを約束する」と書いてあるが，日本の子どもたちは，子どもの権利について学校で学ぶ権利を保障されているだろうか。
2. 子どもの権利条約における教育に関する条文（注 17 参照）を丁寧に読み，これらが満たされないことで生じている児童・生徒の問題がどれほどあるか確認してみよう。

注
1) 校内暴力や学級崩壊はこの関係が機能不全の状態である。
2) さらに 2019 年 6 月，しつけとしての体罰を禁じる改正児童虐待対策関連法が成立し，2020 年 4 月より施行される。
3) 北米のソーシャルワークにおける直接援助の理論と実践は，日本の心理臨床の理論や実践に社会的視点を加えたものであるため，学校というコミュニティにおいて，カウンセラーよりもむしろ広い視点で生徒たちの問題に取り組むべき教育相談が学ぶべきことが多い。
4) 「フェルト・センス」とは，ユージン・ジェンドリンという心理臨床家がカウンセリングをするなかで見いだした状態につけた言葉である。
5) 野口三千三『原初生命体としての人間』三笠書房，1972 年
6) 常日頃から笑顔でないと，頬に笑顔になるための筋肉がつかず，いざというときに笑顔になれない。割り箸を口にはさんで頬の筋肉を意識し，そのまま割り箸を引き抜いて 10～30 秒キープしてみよう。その後，頬の筋肉を上げ下げして筋トレする。これを毎日続けると必ず変化が表れ，人に明るい印象を与えることができるようになる。歯を出すことをためらわないのがコツである。
7) 竹内敏晴『ことばが開かれるとき』筑摩書房より。氏の考案した教員を対象として自分の心身に気づくためのワークの 1 つ。ワーク 2 は「語りかけのレッスン」，ワーク 3 は「対角線上の出会い」を応用したワーク。
8) 一般的に，話を聞くときは 90 度がいい。真正面ではまるで尋問しているようになり，横では相手の様子がわかりにくい。
9) 発達課題と支援については，山野則子・武田信子『子ども家庭福祉の世界』有斐閣，2015 年参照。図 1.5 は，前掲書 138 頁の図 7-1 を加算修正したものである。
10) モード・マノーニ／高木隆郎・新井満訳『症状と言葉』ミネルヴァ書房，1975 年
11) 村瀬嘉代子「第二部第七章 ピノキオから少年へ—臨床ケースにみる心の成長発達」新保幸洋編著『統合的心理療法の事例研究』〈村瀬嘉代子著作集精読〉金剛出版，2012 年（初本『子どもの深層』有斐閣）。
12) 心の発達成長水準（村瀬前掲書による）
　①気持ちが著しく混沌としていて，自分はその時々の感情に流されて動いてしまう。後で何もわからない。
　②問題行動をやっている時に気がつくけれども，もう既にやってしまっている。後ではそれをなるべく隠そうとか，忘れようとする。
　③やはり時の状況に流され，問題行動に出てしまうけれども，あとでやったことを思い出してそれなりに何か考えようとする。

第 1 章　教員のための教育相談の基礎知識・基礎技術　49

④問題行動をやりながら気がついて，自分で止めようとかなり努力する。

⑤行動を起こしかけて気がついて，自分で相当強い気持ちを働かせて，問題が大きくならないうちに止める。

⑥小さなことにでもカッとくる。でも内心のいらだちに気づいて問題行動は起こさない。自分の気持ちを何とか静めることができる。

13) 精神病については，より複雑な要因の検討が必要になるため，ここは話を犯罪に限定して進める。

14) アムネスティ・インターナショナル「死刑廃止—死刑に関する Q&A」 http://www.amnesty.or.jp/human-rights/topic/death_penalty/qa.html（2019 年 8 月 28 日最終閲覧）。

15) マイケル・ムーア監督『世界侵略のすすめ』ドキュメンタリー映画 DVD，ネオン配給，2016 年。

16) 『学び合い』は，上越教育大学教授・西川純の学習観に基づく授業。

17) 子どもの権利条約における教育に関連する条文。

第 28 条

1　締約国は，教育についての児童の権利を認めるものとし，この権利を漸進的にかつ機会の平等を基礎として達成するため，特に，

(a) 初等教育を義務的なものとし，すべての者に対して無償のものとする。

(b) 種々の形態の中等教育（一般教育及び職業教育を含む。）の発展を奨励し，すべての児童に対し，これらの中等教育が利用可能であり，かつ，これらを利用する機会が与えられるものとし，例えば，無償教育の導入，必要な場合における財政的援助の提供のような適当な措置をとる。

(c) すべての適当な方法により，能力に応じ，すべての者に対して高等教育を利用する機会が与えられるものとする。

(d) すべての児童に対し，教育及び職業に関する情報及び指導が利用可能であり，かつ，これらを利用する機会が与えられるものとする。

(e) 定期的な登校及び中途退学率の減少を奨励するための措置をとる。

2　締約国は，学校の規律が児童の人間の尊厳に適合する方法で及びこの条約に従って運用されることを確保するためのすべての適当な措置をとる。

3　締約国は，特に全世界における無知及び非識字の廃絶に寄与し並びに科学上及び技術上の知識並びに最新の教育方法の利用を容易にするため，教育に関する事項についての国際協力を促進し，及び奨励する。これに関しては，特に，開発途上国の必要を考慮する。

第 29 条

1　締約国は，児童の教育が次のことを指向すべきことに同意する。

(a) 児童の人格，才能並びに精神的及び身体的な能力をその可能な最大限度まで発達させること。

(b) 人権及び基本的自由並びに国際連合憲章にうたう原則の尊重を育成すること。

(c) 児童の父母，児童の文化的同一性，言語及び価値観，児童の居住国及び出身国の国民的価値観並びに自己の文明と異なる文明に対する尊重を育成すること。

(d) すべての人民の間の，種族的，国民的及び宗教的集団の間の並びに原住民である者の理解，平和，寛容，両性の平等及び友好の精神に従い，自由な社会における責任ある生活のために児童に準備させること。

(e) 自然環境の尊重を育成すること。

2　この条又は前条のいかなる規定も，個人及び団体が教育機関を設置し及び管理する自由を妨げるものと解してはならない。ただし，常に，1 に定める原則が遵守されること及び当該教育機関において行われる教育が国によって定められる最低限度の基準に適合することを条件とする。

第31条

1 締約国は，休息及び余暇についての児童の権利並びに児童がその年齢に適した遊び及びレクリエーションの活動を行い並びに文化的な生活及び芸術に自由に参加する権利を認める。

2 締約国は，児童が文化的及び芸術的な生活に十分に参加する権利を尊重しかつ促進するものとし，文化的及び芸術的な活動並びにレクリエーション及び余暇の活動のための適当かつ平等な機会の提供を奨励する。

【参考資料】子どもの権利条約第31条「子どもの遊ぶ権利」

ジェネラルコメント No. 17 のなかから学校教育関連の記述（武田信子訳）

33. 遊びとレクリエーションの重要性に関する意識の欠落：

　　世界の大部分で，遊びは全く何の価値もない，愚かしく非生産的な活動に無駄に時間を費やす「赤字」のようなものであると思われている。一般に，親や養育者や行政職員たちが重きを置くのは学習や経済活動である。一方，遊びというのは，うるさくて汚くて破壊的で邪魔なものだとみなされている。

　　しかも，大人は子どもたちの遊びを支援したり，一緒に楽しく遊んだりする自信も技術も理解も持ち合わせていないことが多い。

　　子どもたちには遊びやレクリエーションを楽しむ権利があるということと，それらを楽しむことが子どもの幸せ，健康，発達にとって根本的に大事なことであるということの両方がよく理解されていないだけでなく，過小評価されている。

　　たとえ理解されているとしても，往々にして，身体を動かす遊びや競争を伴うゲームが，空想遊びやごっこ遊びよりも高く評価される。当委員会は，特に，年長の子どもたちが選ぶ遊びや娯楽の形態，場所の選び方についてもっとよく理解することが重要であると強調しておきたい。彼等は仲間と出会い，芽生え始めた独立心や大人への過渡期にいることを確かめ合う場所をしばしば探すが，それはアイデンティティや帰属意識を探究する思春期の大切な機会なのである。

41. 教育における達成へのプレッシャー：世界の多くの地域において，目に見える学業上の成果が重要であると強調される結果，多くの子どもたちが第31条の権利を否定されている。たとえば，

　・幼児教育は，勉強の成果をあげることや形式的な学習に取り組ませることにますます関心を強めていて，そのために子どもたちが遊びに参加できなくなったり，より広い意味での発達を遂げられなくなったりしている。

　・塾通いや宿題が，子どもたちの自由な活動のための時間に食い込んできている。

　・カリキュラムや日々のスケジュールに，遊びやレクリエーションや休憩が必要であるという認識が抜け落ちて，そのための時間が入っていないことが多い。

　・教室で，形式的なあるいは何かを教え込むような教育方法を用いており，活動的でわくわくするような学びが生じるせっかくの機会を活かさずにいる。

　・多くの学校で，子どもたちが屋内で過ごす時間が増え，自然とのふれあいが減りつつある。

　・より学術的とみなされる教科に重点を置くために，学校で文化的・芸術的な活動に取り組む機会や芸術教育の専門家の雇用を削減しつつある国もある。

　・学校でできる遊びを制限することで，子どもたちの創造性，探究心，社会的な発達の機会を損なっている。

42. 自由度のないプログラム化されたスケジュール：多くの子どもたちが，大人によって決められた活動をさせられ，第31条の権利に気がつく力を制限されている。自分でやりたいと思ってする活動の時間がほとんどあるいは全くなくなってしまうような，たとえば，強制的にさせられるスポーツ，障害児のリハビリテーション，あるいは，特に女の子たちに課せられる家事

などもそうである。政府予算がつくのは，整えられた，競争的なレクリエーションであること
が多く，時に子どもたちは，自分で選んだわけでもない青少年団体に参加するよう求められ，
プレッシャーをかけられるのである。

　子どもたちは大人によって決められたり管理されたりしない時間を持つ権利があり，またい
かなる要求からも自由であるべき時間，基本的に自分でそうしたいと望まない限り何もしなく
ていいという時間を持つ権利がある。

　実際，何も活動しないということが，創造性に対する刺激となりうる。近視眼的に，あらゆ
る子どもの余暇の時間をプログラム化された競争的な活動に向けることは，その後の子どもた
ちの身体的，感情的，認知的，社会的ウェルビーイングを，損なう可能性があるのである。

18）すくらむ https://ameblo.jp/kokkoippan/entry-11827245626.html（2019 年 8 月 28 日最終閲覧）

19）あらゆることをポジティブに受け止める少女小説の主人公。

20）たとえば，「シャベリカ」（株式会社アソビジ）を用いたワークは 5 分でできる。

21）心理カウンセラーの資格はいろいろある。国家資格の公認心理士，臨床心理士などがよく知られ
ている。

第2章

特別な支援の必要な子どもたちに教師がどうかかわるか

1 特別な支援の必要な子どもたち

（1）「特別な支援の必要な子ども」とは

「特別な支援の必要な子どもたち」と聞いたとき，あなたはどんな子どもたちを思い浮かべるだろうか。生まれつき特別な障害のある子どもたち，DVや虐待など重篤な家族の課題をかかえた子どもたちを思い浮かべることが多いだろう。でも，たとえば，たまたま骨折して車椅子を使っている子どもは，治癒するまでの何カ月かは「特別な支援の必要な子どもたち」のなかに入るのではないだろうか。また，親が離婚した直後の子どもは新しい生活になじむまで，祖父母が亡くなった子どもは家族一人ひとりが落ち着くまで「特別な支援の必要な子ども」ではないだろうか。逆に，何らかの障害があったとしても，その状態が長く続いていて生活のパターンが安定しており家族も落ち着いて対処ができている子どもについては，学校が特別に支援しなければならない部分は少ないかもしれない。

　まず，自分のなかで「特別な支援の必要な子ども」という分類を外してみよう。そして，どの生徒もいつでも特別な支援が必要になる可能性をもっていること，それに対して，自分ができることと専門家と連携したほうがいいこと，専門家に任せたほうがいいこと，学校全体で合理的な配慮ができるシステムをつくることが必要なことと個別対応が必要なことを整理して考えられるようになろう。

　そのうえで，ここでは，いつも，あるいは，回復に至るまでの間，時限的に特別な支援を必要とする子どもたちについて，それぞれのかかえる課題別に考え，さらには，予防的なかかわりのために何ができるか，何をしないほうがよ

いのかも考えていきたい。

（2）さまざまな課題への支援とその背景にある考え方

本章の執筆は，5人の子どもの専門家（**2** 児童青年精神科医／**3**「障害のない社会を作る」ビジョンを掲げる株式会社の研究所所長／**4** 高校内居場所カフェを運営するNPO法人代表理事のユースワーカー／**5** 教育格差を終わらせるための学習支援等事業を手掛けるNPO法人理事長／**6** 少年非行に法律家として長年対応してきた弁護士）が執筆している。教育相談といえば心理カウンセラーの仕事と思われがちで，大学では教育心理学や臨床心理学を学んだ研究者が授業を担当していることが多いだろう。しかし実際のところ，カウンセリングルームや研究室のなかで課題を扱っていても，それだけで問題が解決するというわけではない。たとえば，もし教育相談だけで不登校が解決するのであれば，不登校が社会問題となってからこれまで何十年の間に何万人という教育相談に通った子どもたちが，その後，ひきこもりになって苦しんでいることはないはずだろう。しかし，実際のところ，個別個人の問題は，社会の文化や環境のなかで起きており，面接といったカウンセリング業務や教室のなかでの対応といった教員の業務だけで解決することはとてもむずかしい。

そこで本章では，より広く子どもたちの問題，学校教育の課題を学校内外で体験・観察・対応してきた他職種の専門家の筆者に登場いただき，それぞれの立場，それぞれの考え方で自由に執筆していただいた。

読者の皆さんは，ほかの章の内容をもふまえたうえで，多彩な筆者たちの視点と考え方のそれぞれをよく理解し，実際の子どもたちと出会い，周囲の人々と議論を重ねて，特別な支援の必要な子どもたちも，街のなかの，地域のなかの，さまざまな人たちに支えられて回復していくという実感をもち，自分なりの子ども観をもって対応できるようになってほしい。

2 精神的な課題への支援

学校における生徒たちの精神的な課題は，現在，どのような状況だろうか。

静岡県浜松市における 2011 年 2 月の中学生約 4920 人の調査（高林ら 2011）[1]では，自傷経験 8.8%，自殺念慮 20.4%，自殺計画 5.2%，精神病様症状体験（心を読み取られる，幻覚，被害念慮など）15.3% が認められた。近年，自殺は全年齢層では減っているが，若年者では増えている。また，発達障害があると想定される生徒は各クラスに複数名みられることが普通になっており，これを他者とのコミュニケーションに問題がある生徒の割合とすると 2 ～ 3 割といっても驚かない教師が多い。放置すれば精神疾患につながる可能性のある不登校の発生状況も，解決の方向には程遠い。

　このように学校場面には精神保健の課題が山積している。そこから目をそらさず対峙すること，先を見通して今できることをすることが大切と思われる。

（1）精神の健康のために学校という場がもつ意味

　まず，学校というフィールドが子どもの心の健康にとってどういう意味があるかを考えよう。学校での体験，たとえば，友だちができてさまざまな経験をする，周囲に認めてもらえるところがある，所属するところがあるなどは，自分が周りとつながってこの世に存在していい存在であるという気持ちを補強するものである。子どもたちが学校で人とつながっているということの意味は，次のようなことであると考えられる。

　①基本的な安心感の補強になる。

　②さまざまな困難があっても，つながりが保障されるだけで成長路線に乗れる。

　③反対に，これらが脅かされると，さまざまな精神的不調が助長される。

　現代特有の，人と人との愛着の乏しさやつながりの乏しさは，ストレスがかかったときにトラウマを生じやすくしている。かつては地域社会で人と人とのつながりが保障されていたが，地域社会が衰退している今の日本では，学校場面でのつながりの重要性が増している。しかし学校というところは，勉強が不得手なだけでもかなり孤立感を味わいやすい場所であり，教師からの叱責は容易に子どもたちの心を傷つけるし，幼児期からさまざまな人間関係を体験する

機会が少ない子どもたちは，些細なことでもトラウマを生じやすくなっている。

　そこで，ここではまず，つながりを感じる教師からの叱責はトラウマ化しにくいということ，つながりの薄い教師からのそれは救いのない孤立感，自己否定の感情につながりトラウマ化しやすいということを知っておきたい。さらに，教師が保障するつながりはもとより，子どもどうしのなかでのつながりや学校という組織がその子をどう受けとめるかということがその子の精神保健のより健全な成長に寄与するということも確認しておきたい。

（2）大人は成長しているのか

　学校では，子どもたちが日々の営みのなかでさまざまな知識やスキルを身につけていく。またそれらの認知的発達と同時に情緒や社会性も発達する。情緒や社会性の発達，つまり人としての成熟度は，知能以上に個人差が大きく，生育環境・社会環境からの影響も大きい。したがって，じつは年齢を重ね大人になるということと人としての成熟は必ずしも比例していない。

　考えてみればすぐに，大人も子ども以上にさまざまな問題を起こすということに思い当たるだろう。たとえば，依存症（カード依存，ギャンブル依存，薬物依存，アルコール依存など），家庭内暴力（対配偶者，対子ども），職場や地域での不適応によるうつ状態など，さまざまな情動や社会性の未熟さによる症状が大人にみられることはいうまでもない。

　そしてじつは，これらの大人の精神症状の発生は近年，急速に増加し，精神科外来通院者は 2016 年現在 360 万人を超えている。それらの症状の原因は，広く捉えれば，生きている世界に対する基本的な安心感の問題，対象（他者）との関係の問題，感情（情動）コントロールの成長障害，共感性の発達の未成熟，社会性のスキルの獲得の失敗，トラウマの蓄積などである。これらは，乳幼児期からの問題や発達障害も絡んでいるが，たとえそういうものがあったとしても，学校で適切な人間関係を体験しているうちに，学童期にかなり緩和されうるべきものである。適切というのは，正しい規則に従った人の迷惑にならないということとはまったくちがうことを付け加えておく。

（3）成長を阻害する社会病理，教育に隠れる精神病理

しかし，現代社会は，学校社会も含めて，誰もがずいぶん「大人」になりにくい世の中になっている。産業の分業化が進み，自分の存在意義を実感しにくい。情報化が進み，自分独自の考えや信念をもちにくい。お金を通してでしか自分の力で食べて生活しているという実感を得がたい。これらに加えて，今の子どもたちは安全や食を保証されていると錯覚させられる環境にいる。何となく学校に通い何となく生活し何とかお金を得て生きていけるはずだと漠然と思ってしまうが，実際のところは現代社会を「成熟した大人として」生きていくのはそれほど簡単ではない。生きていくというのは，本来的にはもっと人間とかかわり，自らの力を使って何かを生み出していくことが必要な日々の地道で困難な営みであるはずである。しかし，生きていくことのこのような困難さを実感することがむずかしい社会のなかで，多くの子どもたちは，他者に育てられたあるいは救われたというような，支えられて生きているという感覚をもちえないまま漫然と日々を過ごし，そのまま齢を重ねている。加えていえば，教員もまた，教育公務員という守られた立場にあるがゆえに，子どもたちが出ていくであろういばらの道を実感するにはより意識をしっかりもたなければならないといえよう。

他方で，虐待や貧困など，実際に救いの乏しい環境で育つ子どもも増えている。そこでは人との関係のなかで，自尊感情や愛着，信頼感をはじめとするいろいろな情緒や他者とともに生きていく社会性を育てていくことができない。

子どもたちにとって，親や家族との関係さえも深まりにくい時代であり，ましてや教師はよほど丁寧に子どもに寄り添わなければ，いないほうがいい存在になりかねない。そういう感覚をもって育ってきた世代がすでに2,3世代目となり，心のつながりを基本としているはずの家庭や学校もその存在自体が揺らぎはじめ，人を育むという社会の機能は低下しつづけている状態なのである。

また現代は，言葉が万能となり論理や数字が重視される世の中になっている。家族の間でさえ親子が目と目を合わせて以心伝心でコミュニケーションする機会が減少している。言葉も論理も数字もいずれも便利で伝達や共有に必要なす

ぐれたツールであるが，言葉は，情感や多彩な情報を瞬時に伝えることが不得手であり，論理や数字は，そこに盛り込みきれないファジーな情報や多彩な要素を切り捨てながら共有されるものであるというデメリットをもつ。言葉や論理や数字は，ときとして人と人の心をつなげる微妙な感情の動きを捨象してしまうのである。このことを十分認識していないと，人間どうしの気持ちのつながりや，ひいては地域社会のつながりが壊れていくことになりかねないことが懸念される。

　学校教育という言葉や論理を大切にする場において，教師はこれらのデメリットを助長しかねないということを認識し，教育における言葉や論理の強調が子どもたちの精神病理に影響する可能性を意識していなければならない。

（4）合理的配慮の意義

　さて，子どもの人格を尊重し，その子の能力や特性に応じた合理的配慮が大切であると唱えられているが，その根本的意義は十分議論されてきただろうか。現代において，人をあまり信用できず，いろいろな人とのつながりや支えで生きているという実感が薄い人たちは，大勢のなかでまとめて扱われるとケアされた感覚をもてない。じつは一人ひとりの人格が尊重され，合理的に配慮してもらえていると感じることではじめて周囲とつながっている，支えられていると感じることができる。合理的配慮は，現代の世の中に産み落とされた子どもたちと丁寧につながるための大事な対応法なのである。

　人間の成長の仕方はかつてと大きく変わっている。もちろん変わらない基本部分はあるが，精神病理を考えていく際には，そうでない部分を理解することが重要である。明治以来の一斉教育はすでに時代にそぐわず，あらゆる子どもたちに幅広く対応できる「一人ひとりに特別な支援が可能な教育」が必要となっている。「あなたががんばればあなたが報われる」「あなたが人にやさしく正しいことをすればいい社会になる」と教師が一斉に生徒たちに伝えても，そのようなかつては当然であった価値が，子どもたちに等しく有効には伝わらなくなっている。子どもに言葉で教えるのではなく，教師が子どものために心を

遣っている，子どものこころに寄り添っているという姿を見ること，子ども自身が教師のやさしさや配慮にふれることが大事であり，それを振り返って考えることができる教師が必要である。

（5）心の発達のいくつかの基本

心の発達の基本を知らないままでいて，将来，子どもたちに災いをもたらすような教育をしたいと思っている教師はいないだろう。さまざまな先達が議論して築き上げてきた心の発達の理論はそれぞれ多かれ少なかれ正しい。したがってそれらを幅広く学びつつも，研究の場でも実験の場でもない教育の現場では，1つひとつの理論にこだわることなく，理論相互の共通点を知り，心の発達の本質に迫るイメージをもっていることが重要である。ここに簡単に心の発達と精神病理との関係の基本を記述しておこう。

①自己肯定感，基本的な安心感の必要性

幼児期に安定した環境，つまり，周囲が危険や怒りに満ちているわけではなく，おおむねお互いを大事にし，穏やかなかかわりが大部分であるような環境にいた場合，自己肯定感や基本的な安心感が育ちやすい。危険なことをしたときをはじめ，大きな問題行動は当然はっきり叱って止めてもらうことが大事である。しかし，その際には，叱責した人が，自分のことを大事に思っている，自分も頼っているという相互の信頼関係が必要である。その繰り返しが人と人との深い絆となっていく。

②過度なしつけ，過度な叱責を受けた場合に起きること

大人たちが，子どもたちを将来のためにしっかりした子にしようと早期から過度にしつける場合がある。それに抵抗できない子どもは，養育者に合わせて，幼少期に本人が獲得すべきさまざまな感情を押し殺すようになり，神経をすり減らしながら育っていく。しかし，子どものためにしつけたと信じる養育者は，そのように自分を隠す「しっかりした子」の様子をしつけの成果であると思い込み満足する。ところが，将来，それらの「つけ」が，学童期や思春期以降の衝動コントロールの悪さ，抑うつ傾向，自傷，過度の依存傾向などの形で認め

られるようになり，精神科に現れることは少なくない。

また，過度な叱責は，自己肯定感の低下はもとより，感情の連続性の乏しさ，他者の受容や自己の受容の失敗につながる。早期からの強い叱責や，固まってしまって対応できないほどの叱責は，子どもにとってトラウマとなり，のちにPTSD症状がみられるようになる。

このように，過度なしつけや叱責があった場合には，子どもに自律神経の不調が必ずみられる。とくに養育者と子どもの愛着関係が十分にできていないうちに上記のような対応をすると容易にトラウマとなる。なかでも生まれつき発達のアンバランスが強い発達障害などの場合には，愛着の絆がなかなか成立しにくいため，トラウマをかかえやすくなる。

過度なしつけや叱責によるトラウマの発生は，親子の関係ばかりでなく，保育場面の大人と幼児や，教育場面の教師と生徒の間においても生じると考えられ，学校教育場面での教師のあり方に十分な留意が求められる。

③怒りや衝動に満ちた環境で生活している場合に起きること

怒りや衝動に満ちた環境で生活していると，激しい感情の嵐からどのようにして心を守るかが大きなテーマとなる。周囲に甘えたりしっかり逃げたりすることができれば大きな問題にならないこともあるが，そうできない場合，次のようなことがみられる。

①心をシャットアウトして，起きたことをなかったことのようにするが，のちに抑えていた感情が，さまざまな身体症状，精神症状として出てくる。

②怒りの元の人に同一化し，より弱い人に攻撃的になったり，同じように癇癪を起こしたりするようになる。

③危機的な雰囲気のなか，感情や物事の理解の連続性が乏しくなったり，周囲の気持ちやさまざまな状況をゆっくり噛みしめて考えたり感じたりすることが苦手となる。

④甘えや依存の意義

甘えは人間として存在するための基本的な栄養素のようなものであり，幼児期にいい甘えを経験した人は成長して不適切な甘えをすることが少ないもので

ある。不安なときや孤独に陥ったときに甘えを受け入れてもらえると救いになる。そしてそこから自立が可能になっていく。しっかり依存できたときには，その後の自立へと自然につながる。しかし，もし幼児期に甘える体験が不足すると，無意識に不適切に甘えてしまったり，また反対に，甘えていい場面でも甘えることを過度に抑制し，不自由となってしまったりする場合も少なくない。

　学校場面で，周囲に対する過度なアピール，他者へのすり寄りなどが観察されることがあるが，それらはその子の存在の不安や愛着の障害を示しているものである。成長過程の子どもは人格形成の途上であり，成長という変化は不安を伴うものである。どの子にも多かれ少なかれ，過度の甘えや自己中心性が出現する。そのようなときには，次の成長につなげるためにも，甘えや依存を丁寧に扱うことが肝要であるといえよう。

（6）心の発達をイメージする―症例を通して

①しっかり者

　概要：小学校4年生女子。教師からの頼まれごとをきっちりとこなすしっかり者。困っている子がいるとさりげなくフォローする。成績は中の上。コミュニケーションの苦手さなどはみられない。周囲に攻撃的になることも羽目を外すこともない。

　疑問：この子は自分のなかの怒りや辛さをどこでどう出しているのだろうか。そんな生き方をしていたら，子ども集団のなかで息苦しくなるであろうに，なぜそんなに自分を脇において，他人のために生きているのだろうか。いろいろな子どものなかで，腹が立ったり，傷つけられたり，妬ましく思ったり，もっと一緒に盛り上がりたいと思ったり，疎外感を感じたりなど，いろいろな気持ちが出現するはずだが，それらをないもののようにしているところを大人として気にかけなくてよいのだろうか。

　理解：学校場面で自分を出さないのは，学校に安心感が乏しいからだろう。あるいは何か失敗したり言われたりしたら，自分の核まで傷つくという不安があるのだろう。このようなタイプの子どもの発達は大きく二通りに分かれる。

1つは，家で学校の不満や人の悪口を聞いてもらえて，同時にある程度のわがままや甘えが出せている場合。この場合は，もう少し成長し安心感が増えれば早晩言いたいことを安定して言える人間になる。もう1つは，家でもいい子であまり親に迷惑をかけない場合。この場合は，育ちのなかで，自分の気持ちを出したら見捨てられる，嫌われると思ってしまい，人のためにいいことをした場合のみほめられて自分の存在感が確かめられ安心できるという確信をもってしまっている。後者の場合，自我が育たないので，人との深い関係を築けないまま年を重ねていくことが多く，将来のどこかで「怒りや憎しみを出すことになる」「自分を傷つけうつ病等の精神的不適応になる」「抑えつけた感情が行き場を失い身体症状化する（頭痛，腹痛，アレルギーなど心身症）」可能性がある。

②おとなしい子，喋らない子

概要：小学校3年生男子。おとなしい子。ニコニコして他人を困らせない子。担任はほとんどこの生徒がしゃべるのを聞いたことがない。授業でさしてもニコニコしてあまり答えない。友だちがいないわけではなく，皆の後についていく形で遊んでいた。喧嘩やいじめはなかった。

疑問：このような生徒は静かな子だと思われている場合が多いが，しゃべらない子だ，そういう性格だと流してしまっていいのだろうか。なぜしゃべらないのか，いろいろ思っていることはないのか，家ではどうしているのか。しゃべらないことで得はあるのかと考えてみる必要があるだろう。

理解：「しゃべらないで得することはあるのか」とまず考えてみる。「自分の判断や思いに自信がないので，自分の考えを口にすることはやめるほうがいいと思って慣れてしまった」「自信がなく不安なので，何か言って人に突っ込まれるのも嫌なので，しゃべらないことにした」などがよくあるパターンである。もう少し深い不安をもっている場合「しゃべると自分の感情が漏れてしまう，人に自分の感情を知られるのは恥ずかしい，あるいは逃げたくなる」という場合もある。

このような場合，自信のなさや不安の根源を考えてみる必要があるだろう。生まれつき自信がなく不安という人はいない。したがって，それらを生来の特

性と環境との絡みで考えることが必要である。たとえば，発達障害をはじめとするコミュニケーションの障害からは，基本的な安心感や周囲との関係の未確立からのさまざまな不安，自信のなさが生じやすい。また，言葉をつむぐ能力，言葉を理解し頭のなかでイメージする能力，言葉と言葉の関連や言葉の裏にあるイメージと言葉の関連をつなげる能力などの問題がある場合も珍しくない。しかしそれらをあまり欠点と思わず人とコミュニケーションできれば，無口にはならないはずである。つまり，周囲の良好なサポートがあれば，生まれつきのハンディキャップも獲得してきた能力の問題もそう大きな問題にはならない。生育環境と発達の問題の両面を考慮して対応を考える必要があるだろう。

③暴力をふるう子

概要：小学校3年生男子。ちょっと何か言われると怒って暴力をふるう。興奮すると暴れ出し，別室でのクールダウンが必要になる。機嫌のいいときは，ドッヂボールをしたり，皆と盛り上がったりしている。

疑問：どうしてそんなに怒るのか。怒りっぽい性格なのか，しつけがなっていないのか。家ではどうか。怒ったあとも友だちと遊んでいるのはどうしてか。

理解：怒る前に起こった出来事と直接的な関係がある場合，出来事がきっかけとなり過去のことや，別のつらい出来事が脳裏に浮かんで興奮したり怒りを発してしまったりする場合がある。そのような場合でも，直接的で了解可能な普通の怒りならばそれほど問題にはならない。問題は，周囲から理解しがたい過大な怒りであろう。原因としては「起きたことを被害的に捉えてしまう」「衝動コントロールが悪く怒りやすい」「周囲の気持ちを理解する能力の発達が遅く自己中心段階にいるため怒りが噴出する」などが考えられる。周囲からの叱責や非難，本人にとって過大なしつけなどが関係する場合が多い。

あるいはよく出現するのが，フラッシュバック（恐怖の再現）やトラウマとの関連である。本人によく聞くと，怒りの起きている際には怖いイメージがわいていることがままある。そういう心的外傷が大きく作用しやすいのは，基本的な安心感や愛着がうまくもてていない場合である。家で自分を受け止めてもらえず怒りを出せない，過度なしつけや叱責，虐待的な養育などのストレスを

第2章　特別な支援の必要な子どもたちに教師がどうかかわるか　63

かかえている，親の兄弟間差別があるなどの状況は，学校などでの怒りの表出と関係しやすい。発達障害はやはり上記のベースとなりやすいと知っておこう。

④誰とでも友だちになる，愛想のいい子

概要：小学校5年生女子。クラスのなかでは人気があり，ときにリーダーシップもとるし面倒見もいい。周囲の友だちとふざけ，乗りもいい。誰にでもやさしく多くの子に好かれている。家でもこれといった問題はなく，兄弟関係も悪くない。成績は中の上でばらつきもあまりない。

疑問：なぜこれほどまでにいい子なのか。

理解：誰とでもなかよくできる不思議さ，誰にでもやさしいという不自然さが問題である。いい子であるというのは，最も自分の問題を隠すのに都合のよい隠れ蓑であり，周囲からの余分な干渉を排除でき，自分のプライドを保つことができ，奥にうごめく不安の意識化を防ぐことができる方策であろう。人は，失敗や混乱，怒りや悲しみなどさまざまな経験をして苦労したうえで，初めて人にやさしくなれたり多くの人と仲良くできたりする度量の広さが身につく。しかしこの子はそれらをインスタントに演じているにすぎない。早晩破綻し，おおいに苦しむか，自分というものが育たないまま表面的に人とかかわって漂っていくような人生となる。このような子は，早い場合，小学校5,6年の前思春期から混乱が始まってしまう。

（7）教師への期待

本節では，よく見る子どもの風景のなかに隠れた子どものこころを，精神病理学的な見方で解説した。どの子の心のなかにも闇はある。それをどう癒してもらったりかかえてもらったりできるかでその後の人生が変わっていく。

子どもたちは，以下に例示するようなさまざまな期待を教師に対して抱いている。

①教師が自分のことを見ていてくれる，気にかけてくれている

②自分をわかろうとしてくれる

③自分のいいところを認めてくれる

④自分の不得意なところを責めずに，一緒に考えてくれる

　善意ではあるが子どものこころのあり様に配慮がない教師は，懸命に子どもの問題を矯正しようとするが，そのような教師に対して，子どもは迷惑と感じていることが多い。小学生であっても，自分の問題はわかっているがみたくないだけ，認めたくないだけの場合も多い。このような場合，子どもたちの問題の解消には，よくみられるような熱心な矯正や指導の態度よりも，見守りや承認が効果的であると知っていることが大切である。本節の内容をそれぞれ自分の体験とつなぎ合わせ，イメージしてみよう。

③ 発達上の課題への支援
（1）「発達障害」の捉え方

　近年メディアにおいても「発達障害」という言葉をよく聞くようになった。私たちは「障害」といった言葉を聞くと，その人は困難さを有していることを前提としがちであり，「障害」という言葉に引っ張られ，その人自身がみえなくなりがちである。いっぽうで，一言で「発達障害」といってもその状態像はさまざまであり，包括的かつ連続性のある概念であることを前提として理解しておく必要がある。たとえば，同じ診断名のある人であっても，その状態や困難さは人によって異なる。また，人によっては，発達障害のうち，１つではなく２つ以上の障害の特性をもっている人もいる。また，発達障害の特性を有していても，診断名のない人もおり，診断名があったとしても生活上に困り感をとくに感じていない人もいる。

　「発達障害」は先天的な障害であることは明らかとなっている一方，いまだ脳の何らかの機能的な障害であることのみしかわかっておらず，その診断は行動特性と日常生活上の困難さをもって判断がなされる。そのため，「ここからここまでが発達障害」「ここからここまでが発達障害ではない」といった明確な線引きは存在しない。

第2章　特別な支援の必要な子どもたちに教師がどうかかわるか　　65

（2）「発達障害」は関係性の障害

田中（2014）は，発達障害の特性がある子どもは，その強い個性から周囲と折り合いをつけることがむずかしい場合が多く，コミュニケーションをとって人間関係をつくっていくことが苦手であることに対し，コミュニケーションは双方向で成り立つため，発達障害は関係性の障害でもあると捉えている。

実際に，発達障害の特性がありながら，その特性を強みとして発揮し世の中に生きている人はたくさんいる。いっぽうで，人によってはその特性に悩まされ，二次的な障害を発症する人もいる。たとえば「こだわり」という特性が職業上強みとして活きる可能性もおおいにある一方で，逆にこだわりの強さにより他者を傷つけてしまう場合もある。

つまり，発達障害の特性があるから困難さが生まれるのではなく，環境との相互作用のなかで困難さが起こる。発達障害を捉えるときに最も重要なことは，この困難さを個と環境の相互作用で捉えることである（図2.1参照）。たとえば，授業中席を立って教室を飛び出す注意欠陥・多動性障害（ADHD）の診断を受けているAさんがいる場合，それはAさんがADHDだから起こるのではなく，Aさんに「衝動性」などといった特性がある一方で，授業内容や教室がAさんにとって集中しづらい環境であるといった原因もある。

（3）「発達障害」の特性

「発達障害」は包括的かつ連続性のある概念であるが，一般的に「発達障害」といった言葉がさすいくつかの障害種名と特性を記載する。いっぽうで，前述のとおり，診断された障害種名＝その人の特性ではない。それぞれの特性に対する支援の手立てについては後述する。

①自閉症スペクトラム障害

自閉症スペクトラム障害のなかには次の3つの特性があるといわれている。

■社会性の特性…状況や文脈を推測・理解することの困難さがある。相手の意図をくみ取ることがむずかしく，一方的なかかわりになったり，相手に興味をもたずかかわりが少なかったりする。

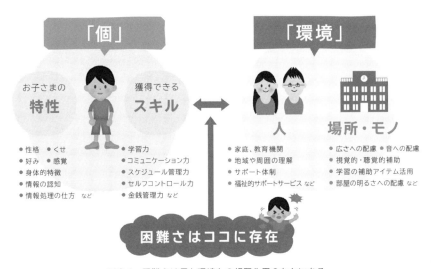

図2.1　困難さは個と環境との相互作用のなかにある
出所：LITALICO作成

- ■コミュニケーションの特性…自分の伝えたいことを相手に言葉にして伝えたり，相手の言っている言葉を解釈し理解することに困難さがある。言葉遣いが独特だったり，気持ちがこもっていないように聞こえたりする。
- ■想像力・こだわりの特性…同じルーティンや行動パターンを好む。そのため，急な予定の変更が苦手だったり，一度決めたことを変えることに対し強く抵抗を示したりする。

これらの3つの特性に関連し，感覚過敏や感覚鈍麻といった特性もみられる場合が多い。特定の音や水に触れることを痛いと感じたり，通常では痛いぐらいの刺激を痛いと感じなかったりする場合もある。

②注意欠陥・多動性障害（ADHD）

注意欠陥・多動性障害のある人には，以下の2つの特性の両方，もしくはいずれかがみられる。

- ■多動性−衝動性…じっとしていることがむずかしい，刺激に対して衝動的に行動を起こす。質問が終わる前に応える，順番を待つことがむずかしい

など。

■不注意…一度にさまざまなことへ注意が向いてしまう。そのため，１つに集中することがむずかしい。忘れ物が多い，整理整頓が困難など。

③学習障害

学習障害とは，全般的な知的の遅れはないものの，「聞く・話す・読む・書く・計算する・推論する」のうち特定の能力を要する学習が著しく困難な状態をさす。たとえば，読み書きに障害のある場合は，以下のような困難さがある。

■文字を読むときにまとまりとして読むことがむずかしく，一文字ずつ読む。

■何度練習をしても漢字を書くことができない。

■文字がひっくり返って見える。

④知的障害

全般的な知的発達の遅れがあるため，抽象的な概念の理解や，文字をとして学んだ知識を生活に応用することがむずかしい。自閉症と知的障害を併せもつケースも多い。

（4）マジョリティ用にデザインされている社会

「発達障害」の困難さの度合いは，個の特性の状態と個がおかれている環境との相互作用のなかにより変動する。

たとえば，もし社会が自閉症の特性のある人向けにデザインされていたら，自閉症のある人は今の社会ほど困難さを感じないであろう。「空気を読む」などといった曖昧な表現はなくなり，単刀直入に伝えたいことを伝える文化や，見通しどおりに物事を進めること，公共機関はより構造化されることが「当たり前」となるかもしれない。いっぽうで，「自閉症」の人用にデザインされた社会は，それ以外の人にとっては生きづらい社会となるかもしれない。

今「障害」のある人たちが困難さを感じているのは，その特性が原因なのではなく，社会がマジョリティ用にデザインされているからである。

多くの異なる特性のある人たちも自分らしく生きる社会をつくっていくためには，私たちは「ちがい」を認識し，互いに承認し，ちがいによる困難さをな

るべく軽減するような社会をつくっていかなければならない。ちがいによる困難さのない社会，すなわち誰も排除されないインクルーシブな社会をつくっていくこと。そのための教育を「インクルーシブ教育」という。

（5）インクルーシブ教育とは

「インクルーシブ教育」は，「障害のある子ども」のみにかかわることと捉えられがちであるが，多様なニーズのあるすべての子どもを包括する教育システムである。「インクルーシブ教育」とは，「すべての学び手には何らかのニーズがあることを前提とし，その多様なニーズに応えられる教育システムをつくるプロセス」である。1つ目のポイントは，すべての学び手には何らかのニーズがあることを前提とすることである。すなわち，前述したとおり，環境との相互作用のなかにニーズが生まれるのであれば，学び手をとりまく環境との相互作用のなかに何らかのニーズは誰にでも起こりうる。そのため，インクルーシブ教育の対象は特定のニーズのある子どものみでなく，すべての子どもである。また，すべての子どもの多様なニーズに応えることのできる「教育システム」とは，一時的によい実践をすることのみでなく，それを持続可能な仕組みにしていくということである。この定義を伝えると，インクルーシブ教育はきわめて理想的なものであり，永遠にたどり着かないものであり，非現実的である，といった声を聞くが，だからこそその理想に向かう「プロセス」こそがインクルーシブ教育であるといえる。

（6）「発達障害」を含む多様な子どもがいることを前提とした学級づくり

インクルーシブ教育を実践していくうえで大切なのは，多様な子どもがいることを前提とし，学級や授業をデザインしていくことである。「発達障害」のある子ども，もしくは傾向のある子どもは，通常学級に6.5％いるといわれている（文部科学省　2013）。そのほかにも，貧困層の子どもは6人に1人，セクシャルマイノリティの子どもは20人に1人いるといわれている。このような事実を前提として，教師は学級経営や授業づくりをすることが求められる。

学級に「発達障害」のある子どもがいる教師の悩みとしてよく聞くことが「周りの子どもにどう伝えるか」「この子だけ特別扱いしてよいのか」といった悩みである。そもそも「誰もがちがう存在である」といった前提で学級経営や授業づくりをしていたら，このような悩みは出てこないであろう。教師自身が「誰もが異なるため一人ひとり異なるスピードで異なる行動をする」といった考え方ではなく，「誰もが同じスピードで同じ行動を同じようにしないといけない」といった考え方をもっていたら，無意識に「同じ」を強要するような声かけになる。声かけ１つに教師の考え方や価値観が現われる。そのため，まずは教師が自分自身の教育観に対して自己認識をしておく必要があるだろう。

　そのうえで大切なポイントは，お互いのちがいを知り，お互いがちがうことが当たり前の文化をつくることである。つまり，誰もが好き・嫌い，強み・弱みがあり，苦手なことや助けが必要なときにはお互いに助け合うことが当たり前である文化。このような文化があれば「特別な人に特別な支援をする」といった考え方ではなく，「支援が必要な人に支援をする」といった考え方を自然ともつことができる。つまり，「障害があるから支援する」ではなく，「その子が支援を必要としているから支援をする」，であり，誰もが支援の対象者であるとともに，支援をする側でもある。

　たとえば，Ａさんは急な予定の変更が苦手である。時間割の変更が急にあるときには大声で泣き叫びパニックになる。いっぽうで，絵はものすごく得意だし，一度通った道は忘れない。Ｂさんは体力があまりなく，体育が苦手だが，算数の計算はものすごく得意。Ｃさんは忘れ物をよくしてしまうが，クラスのみんなを引っ張るリーダー的存在。Ｄさんは手先が不器用で家庭科やリコーダーが苦手だが，音読は大きな声で感情をこめて読むことができとても得意。Ｅさんは文字の読み書きに困難さがあり，紙と鉛筆で学ぶことができないが，図工のものづくりが独創的。このなかでＡさんとＥさんはそれぞれ自閉症スペクトラム，学習障害の診断名があるが，学ぶうえで「ニーズ」があるのはＡさんとＥさんだけではない。それぞれ何らかの得意も苦手もある。そのことを子どもたち自身がお互いに共有することで，「できない」＝「ダメ」では

なく，できないときは互いに教え合う，学び合うといった文化をつくっていくことがインクルーシブ教育を実践していくうえで大切である。

（7）「発達障害」を含む多様な子どもがいることを前提とした授業づくり

授業づくりで大切なポイントは，子どもたちは多様な学び方をすることを前提とした授業づくりをすることである。人間の脳のつくりは一人ひとり異なるため，それぞれに合った学び方がある。どんなときに集中するかも人によって異なる。たとえば大人でいうと，カフェで仕事をするほうがはかどる人もいれば，静かなオフィスで仕事をしたほうがはかどる人もいる。もしくは一人で家で仕事をしたほうがはかどる人もいる。大人で考えると「当たり前」なことに聞こえるが，私たちは学校という場において同じ学び方を全員に強要しがちである。子どもによっては，先生が座学形式で話している授業のほうが学びやすい子どももいれば，一人で本を読みながら学びを進めるほうが学びやすい子どももいる。動画で学んだほうがよい子どももいる。グループでほかの人と一緒に学んだほうがよりよく学べる子どももいる。私たちはこの事実を前提として授業づくりをする必要がある。一学級に40名がいるなか，一人ひとりの学び方に合わせた授業を提供することは困難であるにしても，授業によっては可能なものもあるであろう。たとえばある学級の教師は，学級に4つのブースをつくり，暗記をする際に「書いて暗記するブース」「歌で暗記するブース」「写真と結びつけて暗記するブース」をつくっていた。

実際に異なる学び方を前提とした授業実践が困難だとしても，教師が「それぞれ異なる学び方をする」といった考え方をもつことができれば，顕著に独特な学び方をする「発達障害」の子どもがいたとしても，みんなと同じ学び方を強要せず，なるべく実現可能な範囲でその子にあった学び方を模索するだろう。実際に2017年版学習指導要領においては，各教科別に各種ニーズに応じた学び方の手立てが記載されているので，ぜひ参考にしてほしい。

（8）学びへのアクセスを保障する「合理的配慮」

　多様な子どもがいることを前提とした学級運営，また授業づくりをするなかで，個別的な支援が必要な子どもに対して，障害特性に応じた実現可能な工夫や配慮を実施することが求められる場合がある。

　「合理的配慮」とは，学ぶうえで障害のある子どもの学びを保障する権利である。2016年4月に障害者差別解消法が施行され，そのなかには学校に対し教育における合理的配慮が義務づけられている。

　たとえば，読み書きに困難がある学習障害の診断名をもつ子どもに対し，紙と鉛筆のみを用いた授業を実施する場合は，その子の学びへのアクセスを保障することができない。視力が低い子どもに眼鏡なしで黒板の字を読めといっているのと同じである。もしタブレットやパソコンを活用することで，その子の学びへのアクセスが保障されるのであれば，合理的配慮として活用することが求められる。

　「合理的配慮」の大切なポイントは，本人・保護者・学校など関係者間の合意形成を行うことである。目的は「その子の学びへのアクセスを保障すること」であるため，その目的に対して実現可能な合理的配慮は何かといった建設的な合意形成の場が設けられることが望ましい。

（9）自分で自分について相手に伝える大切さ

　冒頭で記載したとおり，「発達障害」は「関係性の障害」である。他者との関係性の間に困難さがあるため，自分自身の特性について知り，それを相手にとってわかりやすく伝えることができると，関係性の困難さを減らす，もしくはなくすことができる。

　そしてこれは，「発達障害」のある人のみに必要な力ではなく，すべての人にとって他者と関係性を築いていくうえで重要な力だろう。自分の得意なこと，苦手なこと。それに対してどのようなサポートを周りからしてもらえると助かるのか。逆に自分の強みを活かすためにはどんな環境だとよいのか。学校教育の場で学ぶことができると，社会に出て就労をする際におおいに役に立つであ

ろう。

4 生活上の課題への支援

　生徒たちのなかには，学習以前にそもそも家庭生活が不安定だったり地域につながっていなかったりして，さまざまな生活上の課題をかかえたまま育ってきた者たちがいる。これらの生徒たちはしばしば素行不良，非行，低学力，怠学，退学という形で育ちの問題を呈するが，これらの生徒たちに対して「生徒指導」というともすると矯正に傾きがちな対応や，退学命令という教育の放棄しかできない学校も少なからずある。また，こういう生徒たちにとって一対一の場で相手に心を許して相談するという行為はハードルが高い。もし，学校のなかにかれらにとって安全な居場所があり，そこに安心して一緒に時間を過ごせる人たちがいれば，かれらはそこを拠点に自分を見つけていくことができるかもしれない。

　ここでは，校内に生徒たちが安心して居られる場所をつくるという活動を通して生徒たちの生活上の課題を支援している事例を紹介する。学校がそのような生徒たちの育ちを支えるためにできること必要なことを事例から考えていこう。

（1）校内居場所カフェの展開

　筆者が代表を務める NPO 法人パノラマは，課題集中校と呼ばれる 2 校の神奈川県立高校で，中途退学や進路未決定などを予防するための校内居場所カフェ（以下，カフェ）を展開している。

　カフェでは，毎回 7 ～ 8 名のボランティアの協力を得て，寄付などで集めたジュースやお菓子を生徒に無償提供し，くつろいだ空間で親や先生以外の多様なロールモデルである大人と出会い，一緒にボードゲームで遊んだり，将来について語り合ったりするなど，思い思いにすごしてもらっている。

　ねらいは，卒業後にひきこもりなどの社会的孤立状態に陥らせないためであるが，なぜ高校を拠点としてこのような支援活動を行っているのか，その背景

第 2 章　特別な支援の必要な子どもたちに教師がどうかかわるか　73

について説明したい。

（2）ひきこもり支援は対処型支援

筆者は 2000 年から都内の NPO 法人でひきこもりの若者支援に就き，多くの社会に出にくい若者たちの自立支援を行ってきた。しかし，ひきこもり支援だけをしていたのでは，若者をとりまく社会課題は何も変わらないのではないだろうかと，次第に疑念を抱くようになった。

たとえとして，雨漏りのする家をイメージしてほしい。天井からポタポタと落ちてくる雨粒がニートやひきこもりの若者たちだ。あちこちにタライを置き，床を塗らなさないようにしている。つまり筆者が行ってきたひきこもり支援は，起きてしまったことに対処する支援なのだ。

雨漏りのする天井を見上げていれば，どこに穴が空いているのかが見えてくる。高校であれば通信制，定時制と普通科学力下位校。彼らが中退や進路未決定，あるいは早期離職により所属を失うと，雨粒となり天井から落ちてくる。

そんなかれらをタライで受けるのではなく，天井に上がり，雨漏りの穴を塞ぐ，落ちなくても済む予防支援を行いたい。2009 年に起業したミッションはここにある。

（3）サード・プレイスをもたない若者たち

ひきこもりは，セカンド・プレイス（職場・学校）を失うことでなることが多い。その際，サード・プレイス（家以外の居場所）をもっていれば社会的な孤立から免れることができる。しかし，ニートやひきこもりになる若者は，往々にしてサード・プレイスをもっていない。あっても，携帯の登録番号を削除するなど，サード・プレイスとの縁を自ら断ち切る傾向がある。よってファースト・プレイス（家）だけが居場所となり，ひきこもりとなる。

これまで支援してきた若者たちの多くは，最後のセカンド・プレイスが学校であった若者が多い。高学歴ニートというケースも多いが，今回は，経済的な理由により進学を選択できない貧困世帯の高校生のその後を含めた支援に焦点

をあてる。

（4）卒業したら誰もリーチできなくなる

　高校が最後の教育機会にならざるをえない，貧困を背景として社会的に孤立するリスクが高い若者たちを支援しようと思えば，高校に所属している時期を逃すわけにはいかない。なぜなら，かれらが若年無業者になり支援機関の扉を叩くのは10年後の20代後半になってからだからだ。

　「そこからだって十分やり直せる。その気になれば何だってできる」といいたいところだが，実際にはこの“失われた10年”で複合的な困難をかかえ，長期の支援を要するケースが多い。支援成果も多くは非正規雇用にとどまる。

　若者支援の委託事業化が進んだ現在，社会的投資という名の下にこのコストを支払うのは市民である。この失われた10年をつくらないこと，つまり早期発見が支援成功の鍵となる。よって，高校在学の時期を逃すわけにはいかない。これが高校を活動の拠点にしている理由である。

　くどいようだが，高校という所属を失うと誰も彼らにリーチできなくなる。「助けて」とは言わない（言えない）かれらにリーチする有効な手立てはないのだ。専門的な支援を施さないまま進路未決定で社会に放り出すことに，学校関係者は罪の意識をもっていただきたい。支援者は万能ではないが，かれらの人生の登場人物を増やしておくことは，有効な手立てになる。

（5）出会えない生徒と出会うための交流相談

　2012年，出張相談員という形で県立高校での相談業務に就く機会を得たが，果たして個室の相談室にこもっていて，生徒たちに出会える（アウトリーチできる）のだろうかと考えた。出会える生徒は，以下のような条件を乗り越えなければならない。

　条件①　自分の悩みごと（主訴）を理解できている。

　条件②　それを担任などに打ち明け，相談の予約を取りつける。

　条件③　相談室に行くことで，友だちにバレることも受入れる。

第2章　特別な支援の必要な子どもたちに教師がどうかかわるか　75

これらを考えれば，相談室は限定的な機能しか果たせないことがわかる。そこで，昼休みと放課後に図書館で生徒とすごし，日常会話を取っ掛かりとした相談を開始した。このスタイルを「個別相談」と対比させ，「交流相談」と名づけた。これは相談室のもつ限定的な機能の補完機能，あるいは相談室への導入のための機能を果たすことができることがわかった。

（6）高校生は自分の悩みごと（主訴）を理解していない

　複合的な困難をかかえた人はしばし自分の主訴が整理できず，相談窓口にたどり着くことができない。また，貧困世帯は自分を救う制度へのリテラシーが低い場合が多い。そのような親の不確定な物言いに振り回され，主訴が明確にならない生徒もいる。また，自己効力感の低い生徒は自分の課題は解決できないものと諦め，“漠然とした不安”として放置してしまう傾向にある。つまり相談する準備ができていないと，上記の条件①にはたどり着かないのだ。

　この“漠然さ”にどう付き合うかが支援の取っ掛かりになるが，教員の多忙化に加え，課題集中校の特別指導の多さが，生徒の話をきちんと聴く機会を奪っている。そうなると，課題をかかえて入学してきた生徒が，課題をかかえたまま卒業し，貧困の連鎖に飲み込まれていってしまう。

　これは申請主義の限界という以上に，教師の専門性の限界を超えた層の生徒たちが学校に流れ込んでいる現実に，学校という実態が乖離していると感じる。生徒のまどろっこしい“漠然さ”に付き合えるのは“暇な大人”でなくてはいけない。この乖離を埋めるために，学校に“暇な大人”を配置するべきであると提案したい。それが忙しい時間を割いて暇をつくり“暇な大人”として，居場所カフェに参加してくださるボランティアである。つまり，条件①を乗り越えるための“手前の支援”が必要なのだ。

（7）バレるという感覚をもたないスティグマを生まない支援

　ここで，条件②③の自分が困っていることがバレるという感覚をもつ支援，あるいは秘密をもたされバレたら恥ずかしいと思ってしまう支援は，支援対象

を絞り込んだハイリスク・アプローチに起こるスティグマである。この"バレる"はSNSを使った拡散を意味している点にも注意を払いたい。

それゆえに、おそろしく空気を読む文化がティーンエイジャーたちに広がっている。そんな文化のなかにいる生徒が条件②③から想像するリスクは大人の私たちには計り知れないものかもしれない。ここを越えていくための手法、即ちスティグマを生まない支援は、誰かが受ける支援ではなく、居場所カフェのように誰もがサービスを受けられるポピュレーション・アプローチなのである。

（8）社会関係資本につながる文化的フックをもてない子どもたち

貧困問題は経済的な問題にとどまらず、人と人の関係性、つまり社会関係資本の貧困を生むことに深刻さがある。筆者は、経済資本と社会関係資本をつなぐフックの役割を果たすものが文化資本だと考えている。

貧困と孤立がセットになるのは、貧困により文化的フックが得られなくなるからである。よって、居場所カフェのコンセプトは、「文化的なシャワーが浴びられる場所」としている。

食べたことのない物を口にする。弾いたことのないウクレレを弾く、話したことのない職業の大人と話す。着たことのない浴衣を着る。これらの経験が目には見えない文化的フックとなり、社会関係資本につながり、経済的自立の可能性を高めることを狙いとしている。

（9）人に話して楽になった経験が相談の初動を早める

生徒たちが本当に困るのは卒業後である。そのときのためにどんな楔を在学中に打っておけるのか。これが予防支援の要であり、すべての教育がめざすところではないだろうか。

課題集中校の生徒は、教員不信や学校不信、言い換えれば大人に対して敵対心をもっている生徒が少なからずいる。このような状態では「大人に頼ったら負け」なのである。この不信感を校内居場所カフェで多様な大人たちに出会い、自分の話にじっくりと耳を傾けてくれる大人がいることを知ってもらいたい。

そして，人に話して楽になる経験，筆者のような若者支援の専門家（ユースワーカー）の助言で，未来が拓けた感覚をもってもらう，この成功体験こそが楔であり，かれらが転機に押しつぶされそうになったときに，相談機関に行く初動を早めるのだと思う。実際，多くの卒業生がカフェを訪れ，近況報告とともに相談をしにきている。

(10) 閉じた公共空間から開かれた公共空間へ

　校内居場所カフェは手段であり目的ではない。卒業後にひきこもりなどの社会的孤立状態に陥らせないための目的を達成するための手段はきっとほかにもあるだろう。では，いったいその担い手は誰なのか。

　教師は，学期や学年など短期間で結果を出すために教育されたスペシャリスト人材であり，支援者は，その人の人生に長期的にかかわり一人ひとりに応じた自立を支援するためなら何でもやるジェネラリスト人材である。この2種類の人材が校内に同居し，協働することが，高校進学率がほぼ100%（発達障害の問題とリンク）であり，今後ますます格差が広がる社会情勢の時代のあるべき学校の姿なのではないだろうか。

　つまりこれは，学校が閉じた公共空間から，開かれた公共空間になることである。そして，開いたことで学校に流れ込むのは市民が運ぶ文化資本である。富の再分配やノブレス・オブリージュは校内居場所カフェを通じ生徒にシェアされていくのだ。

　日本の高校進学率は高いが，それゆえに退学してしまった元生徒たちは社会のなかではマイノリティであり，かれらへの社会的な支援は十分とは言いがたい。より安全な社会をつくるためにも，さまざまな事情でかれらが高校からはみ出てしまう事態を予防し，もし退学したとしてもかれらを社会のセーフティネットにかかるようにすることを，学校がまず意識して，さらに対応できる道を開くことが求められている。

5　学業上の課題への支援

　本節では，教師が成績不振・貧困の子どもたちに対してどのようにかかわるかという問いに対して，成績不振・貧困の子どもたちの支援活動をする特定非営利活動法人 Learning for All（以下，LFA）の活動で得た経験をもとに答えたい。筆者が代表を務める LFA では，子どもの貧困問題の解決のため，貧困世帯の児童・生徒および成績不振の児童・生徒に対する，週末や放課後を活用した学習支援事業を首都圏中心に展開している。本節では，LFA の活動からみえてきた子どもの現状をマクロデータおよびミクロなエピソードの紹介をしたあと，そうした子どもたちがかかえる課題について概観する。そして，そのような課題をかかえる子どもたちに対して，教師がどのようにかかわっていくべきかについて述べる。

（1）成績不振の子どもたちの存在

　さて，成績不振に陥る子どもたちが存在することは，読者の被教育体験を遡れば，ある程度納得感をうることができるかもしれない。クラスのなかに，勉強の苦手でテストの点数が低い同級生は存在したのではないだろうか。ここではより客観的なデータを紹介することで，成績不振に陥る子どもたちの現状を明らかにしたい。

　成績不振に陥る子どもたちについてのデータを紹介したい。ベネッセ教育研究所の調査[2]によると，小学校の授業がむずかしすぎると感じる児童・生徒の割合が15％も存在することが明らかになっている。中学校入学以前の小学校の段階から，学習に困難を感じる子どもたちが存在するのである。このように日本の学校教育のなかで成績不振の子どもたちが一定数存在することがデータとしても証明されている。最近学校教育のなかでの「学力の二極化」問題について指摘する声もある。クラスのなかで，授業内容についていけていない層と授業内容をすでに理解してしまっている層にボリュームゾーンができているのである。先ほどの調査では，小学校の授業がむずかしすぎると感じる児童・生徒が15％存在する一方で，小学校の授業が簡単すぎると感じる児童・生徒

第2章　特別な支援の必要な子どもたちに教師がどうかかわるか　79

も 13.4％存在することが明らかになっている。クラスのなかに，学力の高い層と低い層が同居していることがここからも明らかであろう。少し脱線するが，日本の学校教育は，学力の定着度にかかわらず年齢によって学年があがっていく。そのため，各学年での学習事項が習得できてなくとも学年だけは上がっていってしまう。LFA の学習教室に通ってくる子どもたちのなかにも，中学生でありながら分数などの小学校段階でのつまずきをかかえたままの子どもがいる。つまずきをかかえ，学力にばらつきがあるまま，学校教員は一斉指導の授業を実施しなければいけなくなっているのである。低学力層の多い中学校の校長先生と話しをしている際，「中学校に来る前のつまずきが多すぎる。この学力で中学校に上がってきてしまったら，中学校としてはどうすることもできないレベルだ」という声を聞いたことがある。なるほど確かに，成績不振の子どもたちが存在する背景には，このような学校教育のシステム上の課題も見え隠れするが，紙幅の関係でこれ以上の記述は避けたい。いずれにせよ，学校教育のなかで成績不振に陥る子どもが一定数存在していることは明らかである。

（2）成績不振の背景にある「子どもの貧困」

さて，それではなぜ子どもたちは成績不振に陥るのだろうか。成績不振に陥る原因にはさまざまあり，本章の筆者がそれぞれの立場から指摘しているが，ここでは LFA が主として対象としている「貧困世帯の子ども」の状況に関して詳述したい。子ども期の貧困が，子どもたちの学力に大きな影響を与えているのである。結論を端的に述べると，親の経済格差が子どもの学業成績の格差につながるという相関関係が指摘されている。以下，データを用いながら経済格差が教育格差へと，そして子どもの貧困の連鎖へとつながる状況について説明をする。

厚生労働省が 2016 年に行った国民生活基礎調査によると子どもの貧困率は 13.9％となっている。じつに，7 人に 1 人の子どもが貧困状態にあるといわれているのである。35 人学級では 5 人はいる計算である。とくに，ひとり親世帯の貧困率は 50.8％であり，ひとり親家庭の 2 人に 1 人が貧困状態にあるこ

とが指摘されている。ここで注目したいのは，こうした家庭の経済力と子ども
の学業成績に相関関係があることである。文部科学省が2015年に行った全国
学力・学習状況調査の結果によると，世帯年収が高い子どもほどテストスコア
が高く，逆に世帯年収が低い子どもほどテストスコアが低いことが明らかに
なっている。具体的には，同じ数学のテストにおいて年収1500万円以上の世
帯の生徒の平均点が71.4点である一方で，年収200万円以下の世帯の生徒の
平均点は45.7点である。平均点に25点以上の差が生じているのである。こう
した経済的要因による学業成績の格差は，子どもたちの学歴の格差につながっ
ていく。読者も想像しやすいだろうが，義務教育段階での学業成績によって，
進学する高校のレベルが変わり，進学する高校のレベルによって大学や専門学
校への進学可能性が変わる。学歴によって，就職できる企業や雇用形態に差が
生じるのである。中卒と大卒の生涯年収を比べると，男性で8800万円，女性
で8000万円の格差が生まれている[3]。

　ここまでの話をまとめると，貧困世帯に生まれた子どもたちは，低学力にな
りやすく，それが学歴の格差につながっていく。そして，学歴の差は社会人に
なったときの就職の差につながり，最終的には生涯年収の格差につながる。こ
うして「教育格差を通じた貧困の連鎖」が生じるのである。もちろん，成績不
振に陥る要因に必ずしも貧困があるわけではないが，貧困が大きな影響を与え
ていることは確かであろう。それでは，こうした「子どもの貧困」は，子ども
たちにどのような影響を与えるのであろうか。以下で，LFAの活動のなかで
出会った子どもたちの実例を紹介したい。

（3）LFAの活動のなかで出会った子どもたち

　ここまで学習の遅れをかかえる子どもたち，貧困状態にある子どもたちにつ
いてデータをもとに説明してきた。ここではLFAがこれまでの活動のなかで
出会った子どもたちについて紹介し，読者に子どもたちのおかれる状況につい
てより具体的なイメージをつかんでほしい。

　まず，高校受験間近でありながら，大きな学習の遅れをかかえ，自己肯定感

の低下にもつながってしまっている子どものエピソードを紹介したい。Hさ
んは，中学校3年生ながら非常に大きな学習の遅れをかかえていた。分数や正
負の計算，英語の基礎文法からつまずきをかかえており，学校での成績も最下
位であった。もちろん学校の授業にはついていけず，毎日授業中は寝るか
「ぼーっと」時間を過ごすだけの毎日であった。高校受験が近くなり，このま
まの成績だと都立の普通科高校に行くことはむずかしいと学校の三者面談で言
われてしまい，なんとか勉強をがんばろうとし，LFAの教室に通ってきたの
であった。Hさんの家は，ひとり親家庭で生活保護を受けており，家庭に自
分の勉強机はない。勉強する際は，リビングの机で，母親がテレビを見ている
横でしか勉強する環境がなかった。塾に行こうにもお金がないため，学校外の
学習機会はなく，学習の遅れをかかえたまま中学3年生になったのである。H
さんは学力の課題に加えて，自己肯定感や自己効力感も非常に低かった。「ど
うせ何をやってもできないし」「どうせバカだから」といって，勉強やそれ以
外のこともチャレンジすることをやめてしまうのである。勉強を教えていても，
まちがった問題はすぐに消しゴムですべて消してしまう。私たちは，Hさん
にあったカリキュラムや教材を作成し，徹底した個別指導を通じて，少しずつ
Hさんの学習サポートを行った。Hさんは，LFAの教室でがんばって勉強を
したが，やはり普通科高校に進学することはむずかしく，定時制高校へ進学し
た。

　つぎに，学業成績も悪く，家庭環境も複雑で精神的な困難がある子どものエ
ピソードを紹介したい。Sさんは中学校1年生のときからLFAの教室に通い
はじめた。小学校での学習範囲からつまずきがあり，中学校の勉強を進めるの
に困難をかかえていた。ただ，SさんはLFAの教室では集中して勉強に取り
組み，教えられた内容はすぐに身につけることができる生徒だった。そんなS
さんが小学校の勉強の範囲がわからなくなってしまっていたのは，家庭環境が
原因だった。小学生のときにSさんの両親が離婚。背景には父親から母親へ
の暴力があった。当時小学生だったSさんは離婚に伴う生活の変化から，環
境的にもそして精神的にも，学習に向かうことができなくなってしまっていた。

中学校に進学してからも，母親の交際相手が変わるたびに生活環境が変わり，彼女は常に安心・安全な居場所が得られず精神的に安定しない状態におかれていた。実際，Ｓさんの LFA の教室への出席が安定しない時期は何度もあった。Ｓさんは，LFA の教室で自分を信じ受容してくれる大人と出会い，断続的でも学習を続け，普通科高校に進学した。現在は保育士をめざして専門学校で学んでいる。

　最後に，養育力の低い家庭で育ち，発達障害をかかえているという子どものエピソードを紹介する。Ａさんは現在小学校３年生で，発達障害の診断を受け特別支援学級に通っている。そして，Ａさんの母親もまた発達障害であり，Ａさんを育てることに困難をかかえている。たとえば，Ａさんが複数日間にわたり体を洗わず，同じ衣服や下着を身につけていることがたびたびあった。また，Ａさんは朝７時に学校に登校することがあり，また別の日には 11 時に登校するなど時間感覚に乱れがある。この背景には，母親が入浴を嫌うＡさんへの適切な介入がわからずにいたり，母親自身が時計を見る習慣がなかったりすることがある。重要な点なので強調したいが，筆者はここで親を犯人扱いしたいのではない。問題なのは，この社会が「社会で子どもを育てる」という視点をもたず，一方的に子育ての責任を親に負わせ，困難をかかえた親と子を社会のなかで放置している現状である。学校でのＡさんの様子をみて，集団生活を送れない「困難をかかえた子ども」と判断することはたやすい。しかし，筆者は幼いときから社会がＡさんに「困難をかかえ込ませている」と考えるべきだと思っている。本来，Ａさんには学ぶ力があり，学ぶ権利がある。それを保障するのは私たち大人の仕事ではないだろうか。

　いくつかのエピソードを紹介したが，LFA の教室に通ってくる子どもたちはさまざまな困難を複合的にかかえているケースが多い。多くの子どもたちが１学年以上の学習の遅れをかかえており，その背景には貧困や発達障害などさまざまな要因がある。また，成績不振は子どものたちの自己肯定感や自己効力感の毀損にもつながっている。来る日も来る日も勉強ができないことを学校授業中に突きつけられる子どもたちは「どうせ俺はバカだから」「何やってもで

第２章　特別な支援の必要な子どもたちに教師がどうかかわるか　　83

きないから」と自信を失っていき，勉強のみならず将来への希望を失っていくこともある。このように，いわゆる学習性無力感に陥り，自己肯定感や自己効力感を毀損している子どもたちもたくさんいる。また，成績不振とともに精神的な困難をかかえている子どもたちも多い。家庭でDVやネグレクトを受けている子どもたちは，勉強云々の問題より前に，日々の暮らしに安心安全を感じられる居場所がない状況におかれている。成績不振とは，子どものたちの状況を表す一側面にすぎず，子どもたちの状態を見立てるためには，子どもの学業以外の発達や精神的な安定度合い，家庭の経済的・社会的な状態など，さまざまな観点から子ども一人ひとりを観察する必要がある。子どもたちの支援をするということは，こうした複雑な状況を捉え，長期的な目線で子どもと家庭へ寄り添い・かかわり，子どもたちに最適な環境を整えつづけていく営みである。成績不振の子どもたちに，ただ勉強を教えればいいのではない。

（4）成績不振・貧困の子どもたちにどうかかわるか

ここまで，日本における成績不振・貧困の子どもたちについてマクロデータとミクロなエピソードの両面から現状をみてきた。では，そうした子どもたち一人ひとりにかかわるときに何を大切にしないといけないのか。LFAが大切にしていることをいくつか紹介したい。

まずは，子どもたちへの「まなざし」についてである。成績不振や貧困のなかにある子どもたちは，「かわいそうな存在」と「能力のない存在」であり，施しをしてあげないといけないといった発想をすることを避けなければならない。こうしたまなざしは，子どもたちを常に劣った存在とみなし，排除の対象として固定化する危険性をはらんでいる。常に子どもたち一人ひとりに備わった力を信じ，一人ひとりが幸せに生きる権利をもった存在とみなし，一人ひとりの存在を能力の有無にかかわらず祝福する姿勢が求められる。そのうえで，子どもたちをエンパワーし，可能性を引き出していく。そのようなかかわりこそ，困難をかかえる子どもたちに寄り添う人に求められる姿勢であると考えている。

つぎに，子どもたちの「見立て」についてである。LFA が活動のなかで出会った子どもたちのエピソードに明らかなように，子どもたちのおかれる状況は複雑・動的なものであり，決して単なる学力の課題や家庭の所得の課題に限られない。こうした子どもたちの複雑な状況を，さまざまな角度から見立てる力が，子どもに寄り添う人には求められる能力である。子ども自身の状況，家庭環境，社会資源とのかかわり，友人関係などさまざまな観点から，子どもたちの客観的事実と主観的事実を収集し，長い目で，子どもたちにどのようにかかわっていくべきかを考える。困難をかかえる子どもたち一人ひとりに，こうした接し方が求められる。

　最後に，徹底した個別のサポートの必要性についてである。「まなざし」と「見立て」だけでは，子どもの状況はもちろん変容しない。子どもたちの状況に応じて，徹底した個別のサポートをすることが必要である。たしかに教員一人でできることには限りがあるかもしれない，しかし個別のサポートを届けることができれば，どんな状況にある子どもたちでも学習し，成長することができる。子どもたちの可能性に蓋をするのは，いつも社会であり，私たち大人である。教員の多忙化が叫ばれ，学校教員に降りかかる仕事量は莫大なものであろう。それでも困難な状況にある子どもたち一人ひとりの支援をしている筆者にとって，社会や大人の都合で，子ども一人の可能性が左右される状況には「No」を唱えたい。子どもたちに個別のサポートを届けていくためにはどうすればいいのか，その問いを学校教員やそのほかのアクターを交えて検討していきたい。もちろん始めからすべての子どもたち一人ひとりにベストな教育を届けることはむずかしいであろう。しかし，子どもにかかわるすべての人が，まずは自分にできる範囲から実行してほしい。そして，その先に困難をかかえるすべての子どもたちが，必要な教育機会に恵まれる社会の実現のために，皆が行動をしつづけてほしい。

第 2 章　特別な支援の必要な子どもたちに教師がどうかかわるか　85

6 法律上の課題への支援

（1）「人間の尊厳」について

　法律は目に見えないが，私たちの日常生活を魚をとる網のように覆っている。法律を意識せずに生活できるのが理想であり，中国の古人はこれを「天網恢々，疎にして失わず」（老子）といった。しかし近代以後，人々の自我が「人間の尊厳」に目覚め，自己と他者の関係を権利義務の関係として捉えると，その分別知は学校のなかまで進入するに至る。

　こうしたことを前提に，教師ならびに教員志望者に知っておいてほしい法律的なことがらを記してみたい。

（2）「個人の尊厳」

　教育基本法の前文に「個人の尊厳」ということばがある。教育基本法に目を通される機縁があった読者には「釈迦に説法」だが，この「人間の尊厳」の重さを知っていただくために，1つの問題を出したいと思う。

　『シンドラーのリスト』（スピルバーグ監督　1993）という映画があった。オスカー・シンドラーはナチ党員として，ユダヤ人から接収した工場を安価で取得して工場経営をしていた辣腕実業家であったが，「水晶の夜」と呼ばれるユダヤ人へのテロの際，いたいけな少女が殺されたのを見て回心し，ユダヤ人を自分の工場で働く労働者として庇護し，ドイツ降伏までの間に1200人ものユダヤ人を助けた。このシンドラーの行為は，「ユダヤ人問題の最終解決」（ユダヤ人殲滅を目的とするナチ政令）の実行を阻止しようとしたもので，国家反逆罪として死刑に値する行為であった。

　このシンドラーのユダヤ人庇護行為を，ナチ時代ではなく，日本国憲法のもと，公正な裁判官によって裁いたら，シンドラーを無罪にすることができるだろうか。筆者はこの思考実験の問いを，中学生，高校生，大学生，教師，一般市民に向けて，それぞれの講義で問いかけた。

　結論をいおう。無罪にできる。日本国憲法は，その13条によって，国家が「人間の尊厳」を犯すことを禁じている。条文上「人間の尊厳」ということば

は書かれてはいないが，「幸福追求権」として認められているこの13条は，国家に対して「人間の尊厳」を犯す法令の制定を禁じ，もし「人間の尊厳」を侵害する法令が制定されたとしても，それは憲法13条違反の無効な法令であってその効力はない。日本の裁判所が有する違憲立法審査権は，「人間の尊厳」を侵す法律がたとえ衆参両院の満場一致で可決されたとしても，最高裁の裁判官の過半数（15分の8）によってこれを無効にできる権限なのであり，これを行使すれば，ユダヤ人が「優生学上劣等である」ことを理由として制定された「ユダヤ人問題の最終解決」という政令を，「人間の尊厳」侵害を理由として違憲・無効とすることができる。これによって，シンドラーを無罪にすることは，日本国憲法の下においては可能なのである。

　教育基本法の前文に記された「個人の尊厳」とは，憲法によって守られた人として有する最も根源的な価値の承認なのであり，教師の目の前の一人ひとりの児童・生徒たちが，この「個人の尊厳」を有しているのだということを知ることが，まず教育の出発点とならなくてはならない。

（3）「子どもの成長発達権」

　その子どもたちの「尊厳」を具体的に認識することが必要になる。まず，子どもたちは，一人の人間として成長する憲法上の基本的人権を有している。これを「子どもの成長発達権」といい，憲法13条がこれを保障しているとするのが今日の法律学の通説である。

　この「子どもの成長発達権」は，子どもの健全な生育を妨害する諸事実を排除せよという「自由権的側面」と，子どもたちが健全に成長できるように積極的に協力することを求める「生存権的側面」の2つの柱をもつ。

　子どもの成長発達に有害なものは，「自由権的側面」によって排除されなくてはならない。学校内における子どもへのパワハラ，セクハラ，「いじめ」をなくすことはこの「自由権的側面」の要請である。

　「生存権的側面」から求められる成長発達促進のための積極的支援には，さまざまなことが含まれる。そのなかで最も重要なことは，教師が子どもととも

に学び，子どもとともに変わり，教師の成長が子どもの成長を後押しすることである。

　筆者は，「学んだことの証はただ一つで，変わることである」（林　1990）ということばを座右の銘にしている。これは宮城教育大学の学長を務め，その後全国の学校を授業行脚した林竹二の遺言ともいうべき言葉だが，教師が子どもの変化によって自分自身が切り開かれ，ともに変わるとき，教師と教え子の間に生涯続く人間の絆が生まれるのである。

　ここにおいて，「子どもの成長発達権」はすなわちそのまま，教師の成長発達と表裏一体のものであることがわかる。

（4）「スマホ・ネットトラブル」と法的対策

　筆者の知人に中学の教師をしている人がいる。その人から聞くところでは，生徒たちは，日々，SNSのやりとりに時間を取られ，自分がほんとうにやりたいことに時間を使えない子がたくさんいるとのことだった。LINEに参加しない子や，コメントを返さないで放置している子を排除することもよく起こり，スクールカウンセラーにこの種の悩みの相談がもちこまれることが多いとのことだった。

　また，自分が添付した写真が受信した相手からほかの人に流出し，果てはウェブサイト上にアップされてしまい，削除してほしいのだが，その方法がわからないという相談[4]を受けたこともあるという。これらの状況は，高度に発達した情報社会におけるSNS，ウェブサイトが「子どもの成長発達権」の自由権的側面を侵害していることを示している。

　しかし，流出した写真や実名データを取得した個人に対し，そのパソコンやスマホから削除せよと求めることは事実上不可能である。このため，ネットトラブルに陥らないための予防こそ肝要であり，教師を志す人にはこの予防手段についてぜひ学んでほしい。

（5）「いじめ」訴訟に学ぶこと

　訴訟になった「いじめ」事件の被告代理人になったことがあるので，この

ケースから筆者自身が学んだことを記しておきたい。

①事件の背景と学校の安全配慮義務

このケースは，冬休み中の野球部の練習後，中学2年生3人が同じ野球部員に対し，「1対1」のいわゆる「タイマン」を連続して行った際，最後の一撃によって被害少年は意識不明となり，以後自発呼吸をできぬままの状態となった。こうして被害者の保護者は，加害少年3人・その保護者・学校（市立中学だったため被告としては「市」）の法的責任を問うて損害賠償請求訴訟を提起した。一審判決は，加害少年3人と学校の責任を認め，保護者の法的責任はこれを否定した。

「教育相談と法律の課題」の観点から，このケースから多くのことを学ぶことができる。まず，冬休み中の野球部の練習が終わったあと，下校途中の公園での暴力事件についても，学校の安全配慮義務の範囲に入るとされた点である。

この被害生徒はある発達障がいをもつ男子だったが，裁判所は，学期中の生活において，「いじめ」や「からかい」の対象とされていた事実を認めたうえ，教師がこれに配慮して，この被害生徒に対する暴行などをしないよう，学年と被害生徒のクラスにおける生徒指導をしていなかったことを重視して，冬休み中の運動部終了後，帰宅途中の出来事についても，学校の安全配慮義務を肯定したのである。

これを上記の「子どもの成長発達権」との関係においてみると，被害を被っていた生徒の「人間の尊厳」は，冬休み中の下校途上においても守られねばならないということになる。運動部の顧問や部長となった教師にとって，この裁判所の課した安全配慮義務は重すぎると感じられるかもしれないが，要は，「日頃の生徒指導を充実させることが下校時の事故を防止する」という基本の実践をこの判決は求めているのである。

学校の安全配慮義務の範囲を広く捉えたのに対し，この判決は生徒の保護者の監督責任を否定した。その理由は，加害生徒たちはいわゆる「番長」的な生徒ではなく，これまで別件の携帯の持ち込みや校内の器物破損などについて，保護者を呼んで個別の生徒指導をしたところ，保護者・生徒も再発防止に向け

た努力をし，問題点は解決されてきており，今回の件について「被害生徒個人への暴行等をしてはならない」という個別指導がなされていれば，結果は回避されていたと考えられたことにある。

②発達障がいのある子へのアプローチ

事件の起きた中学校では，被害生徒の発達障がいを疑い，専門機関に相談をしたが，結局，特殊学級ではなく一般教室で授業を受けさせることにした。しかし，日々の生活のなかで被害生徒が独特の行動を示すことについて，同級生に情報を共有させようとしても，その指導をすること自体「差別」になるのではないかという考えもあり，同級生が発達障がいについての理解をもつ機会のないまま，この事件が生じたのである。

灰谷健次郎の『わたしの出会った子どもたち』（1998）には，ハンデをもった児童を一般教室で学ばせた灰谷の体験が記されている。灰谷は，障がいのある子によって，わが身を切りさかれるような思いで，子どもから学んでいる。さきの被害生徒のいた教室でこのような体験が積まれていれば，事態はまったく別の展開を示しただろうとの思いを禁じ得ない。

また，『つながろ！―にがてをかえる？まほうのくふう』（2014）という絵本がある。作者・しまだようこは，小中学校の教師をしていた人で，自らの体験に基づいて，発達障がいのある子の行動の特徴を共感的に絵と文にまとめ，ほかの生徒が障がいのある子を受け入れる知恵を身につけられるよう工夫している。さらに，監修者・井上雅彦が臨床心理学の観点から助言していることも，子どもたちに接する際おおいに役に立つ。

これらの本に親しんでいれば，この中学校における暴力事件は食い止められたのではないかと筆者は考え，絵本『つながろ！』を上記訴訟に書証として提出したほか，灰谷が子どもに学ぶ姿を担任教師の尋問において説明し，灰谷のあり方と担任教師のあり方を対比する問答を行った。

③児童・生徒の「実像」を知るためのアプローチ（１）―医療

担任教師への反対尋問において，筆者の担当した生徒の日常生活がどのようなものであったかを質問した。この生徒は朝起きられず遅刻が多かったので，

担任は「だらしのない生徒」という見方をしていた。

そこで筆者は，なぜこの生徒が朝起きられないのか，その理由を知っているかどうか質問した。事件後少年院における健康診断で，この生徒は著しい低血圧症であることが判明したが，この症状は事件当時から存在していた事実である。この低血圧について担任はまったく認識しておらず，度重なる遅刻について，単に道徳的見地から「だらしのない子」と否定的評価をしていたのである。

低血圧がひどいのであれば治療が必要なのであり，児童・生徒と日々過ごすとき，「道徳的観点にのみとらわれるべからず」という教訓をここから学ぶことができる。

④児童・生徒の「実像」へのアプローチ（2）─アニメ・ゲームなど

つづいて，担任にこの少年が夜更かしをしてしまう理由を知っているかを尋ねたが，これについての認識もなかった。

この生徒は『新世紀エヴァンゲリオン』（庵野秀明監督）の大ファンで，深夜遅くまで『新世紀エヴァンゲリオン』のゲームをしているので朝起きられないのである。当時14歳のこの生徒は，この作品の主人公・碇シンジや綾波レイ，アスカ・ラングレーたち（いずれも14歳）に自分を投影し，この物語の登場人物とともに，「使徒」という作中の敵と毎夜戦っていたのである。

かつてこの作品は1990年代半ばにテレビ放送されていたが，その放映当時，「いじめ」被害にあっていた少女から相談を受けた際，「神谷さん，『エヴァ』を見て。あのなかに私がいるから」と言われ，貸しビデオで全巻（26話）を見たことがある。この作品は，旧約聖書やユダヤの秘教「カバラ」，最先端の遺伝子工学，物理学，家族の葛藤，ひきこもり，深層心理学の知識が織りあわされた，謎とスリルに満ちた物語であり，主人公と同年代の子どもたちがこの作品に熱中する気持ちがよく理解できた[5]。

この作品の世界観を理解することはそうたやすくはなく，ネット上には，謎解きに関するウェブサイトがたくさんある。また作品の謎解きや使われている用語・語源についての事典も刊行されており，筆者はこれらを参照しつつ，作品のなかに流れる時にそって年表をつくりつつ，この作品の読み解きを試みた。

いわゆる「おたく」と呼ばれる子どもの内面世界をわが身に体験するには，「ミイラ取りがミイラ」にならない範囲で，その素材のリサーチをすることが必要となる。マンガ，アニメ，音楽など，子どもたちに教えられて「目から鱗」体験を何度もさせられた。「遊び」のなかで子どもたちが学んでいることが，これらのリサーチによってわかるのである。

（6）孤立を防ぐ「連携」への参加

河合隼雄『大人になることのむずかしさ』（2014）という本がある。この本は筆者が弁護士になった1983年に初版が出され，少年事件の付添人を始めようとしていた筆者の座右の一冊となった。刊行から36年が経過しているが，日頃同書の著者が「本質的なことはそう簡単に変わるものではありません」といわれていたとおり，スマホやネットが浸透して表層的コミュニケーションが広がり，喜怒哀楽の感情体験が希薄化した今日においても，「大人になるむずかしさはどこにあるのか」を説いたこの本の価値が失われることはない。

「大人になることのむずかしさ」を自分自身，自分の子ども，受け持った児童・生徒から骨髄に徹して学んだ人たちは，子どもの成長を支援する取り組みを始めることが多い。そして，このサポートの取り組みに，法的知識が必要なことがあり，弁護士が参加することもある。

親しい仲間が鳥取県米子市でサポートの会をつくり，活動を続けている。メンバーは，教師・退職教員・カウンセラー・児童相談所職員・自立援助ホームのスタッフなど，子どもの成長に関心をもつ人たちであり，情報を交換しあうとともに，子どもが具体的に直面している問題（虐待被害，非行，ひきこもりなど）への対処方法をともに考え，必要があれば，環境調整のための社会的資源につなぐ営みをしている。

また，世田谷区内にある3つの民家（三宿・経堂・祖師谷の「憩いの家」）において，筆者は子どもの自立支援を行っている社会福祉法人「青少年とともに歩む会」の役員を拝命しており，連携の一環を担う日々を過ごしている。

「憩いの家」のグループ・ホームには，養護施設を卒園して来た子，虐待被

害を受けている子，少年審判の最終判断が下されるまでの間預かっている子（補導委託），少年院を仮退院してきた子らが生活している。今年「憩いの家」は創立52周年を迎え，昨年「グループ・ホーム」だけでなく，家庭に近い住み込みの寮父・寮母のもとで，自立をめざす子どもと暮らす「ファミリー・ホーム」を開設した。

　子どもを孤立から脱出させるためには，大人が孤立していてはならない。それぞれの体験と知識を有機的に活用するため，「連携」と他機関への「つなぎ」が常に求められる。学校の教師も「連携」の仲間を見つけることが重要な課題であると思う。教師を志す皆さんへ，孤立せず，ともに歩む仲間を見つけてほしいと思うこと切である。

深い学びのための課題

1. 教師が担当する生徒すべてと深くつながることは実際に可能だろうか。可能であるとすればどのようにすればよいのだろう。可能でないとすれば，どのようにすればよいのだろうか。
2. よりインクルーシブ教育を推進していくために，今後学校はどのように変わっていく必要があるか考えてみよう。
3. 40人学級において読み書き困難である子どもと衝動性が高く自分で答えをすぐに言いたくなる子どもがいることを前提としたとき，どのようにして「くり上がりのある足し算」を教えるか話し合おう。
4. あなたには高校を退学した知人がいるだろうか。本章 **4** を読んだうえで，高校を退学した人の人生にとっての退学の意味について，複数の人と経験を共有するための話し合いの時間をもってみよう。
5. 学業不振，貧困，LGBT，発達障がいなど，さまざまな多様性をもった子どもたちが学校に通っている。日本の公教育制度が構築された時代とは，大きく変わった現代において，公教育が果たすべき役割，社会から期待される成果とは何か考えてみよう。
6. コミュニティスクール，フリースクール，民間の教育産業，NPOなどさまざまなアクターが教育にかかわっている今日において，課題5で考えた公教育の役割と期待される成果を実現するのは誰かを話し合ってみよう。
7. 子どもたちの「尊厳」が，教室で踏みにじられることはあるだろうか。どのような場面がそれにあたるのか，具体例をあげ，「尊厳」を守るために教師ができることを考えてみよう。

注

1）高林智子・益井多美子・二宮貴至・大場義貴（2011）「思春期メンタルヘルス実態調査報告 I—中学生への調査から」浜松市精神保健福祉センター平成 23 年度調査研究報告書。

2）ベネッセ教育総合研究所（2014）『小中学生の学びに関する実態調査報告書』ベネッセコーポレーション。

3）独立行政法人労働政策研究・研修機構（2010）「ユースフル労働統計」。

4）このような相談を受けたとき，久保田裕・小梶さとみ（2014）『人生を棒にふるスマホ・ネットトラブル』を読むと対応への知恵がわいてくる。筆者は，この本の著者たちから法的対処法についての取材を受け，そのときのコメントが同書に掲載されている。コメントの要点のみ記すと，悪ふざけ，実名拡散，リベンジポルノなどのトラブルが生じたあと，これを削除する方法として「プロバイダー責任制限法」による削除申請手続があり，弁護士に依頼してこの手続をとる道がある。

5）現在この作品は，「新劇場版」と呼ばれるシリーズの第 3 作まで公表されており，ファンはその完結編の完成を待っているところである。

引用・参考文献

居場所カフェ立ち上げプロジェクト（2019）『学校に居場所カフェをつくろう！—生きづらさを抱える高校生への寄り添い型支援』明石書店

大嶋正浩（2017）『地域における多機能型精神科診療所実践マニュアル』金剛出版

神谷信行（2008）『事実の治癒力—心理臨床と司法の協働』金剛出版

河合隼雄（2014）『大人になることのむずかしさ』岩波書店

久保田裕・小梶さとみ（2014）『人生を棒にふるスマホ・ネットトラブル』双葉社

しまだようこ・絵と文／井上雅彦監修（2014）『つながろ！—にがてをかえる？まほうのくふう』今井印刷

田中康雄監修（2014）『発達障害の子どもの心と行動がわかる本』西東社

野口晃菜（2016）「インクルーシブ教育を実践するための学校づくり・学級づくり」青山新吾編集代表『インクルーシブ教育ってどんな教育？』学事出版

灰谷健次郎（1998）『わたしの出会った子どもたち』KADOKAWA／角川書店

長谷川敦弥／野口晃菜監修（2016）『発達障害の子どもたち，「みんなと同じ」にならなくていい。』SB クリエイティブ

林竹二（1990）『学ぶということ』国土社，95 頁

UNESCO（2009）*Policy guideline on inclusion in education*

第3章

教員とスクールカウンセリング

1 心理臨床・カウンセリングとは

（1）心理臨床とは

「心理臨床」とは，一般に「臨床心理学」に基づく支援の実践をさす。「臨床心理学」の定義はむずかしいが，たとえば大塚（2004）は「生身の人間に親しく臨んで，その人の訴える問題（望み）の解決や発展に資するための心理学的原理と技法を研究し，それらの実践的活用を図る心の科学」「また心の健康生活に寄与するための心の科学」（21頁）と定義している。同様に，アメリカ心理学会（2017）によれば，「臨床心理学とは継続的・包括的に心と行動のヘルスケアを個人と家族に対して行い，機関（agencies）やコミュニティへのコンサルテーション，訓練・教育・スーパーヴィジョン，研究に基づく実践を行う」（筆者訳）とされている。精神病理の診断治療はもちろん，生涯にわたるメンタルヘルスケアやアセスメント，組織における自殺予防など，個人と組織への幅広い研究が臨床心理学を構成している。

心理臨床は，こうした臨床心理学に基づいて，個人への心理相談面接はもちろん，コンサルテーションや予防教育，関連の研究などを行う。たとえば，心理臨床の専門家である臨床心理士（公益財団法人日本臨床心理士資格認定協会の認定に係わる臨床心理士。以下，臨床心理士）は，臨床心理査定，臨床心理面接，臨床心理的地域援助，これら3領域に係わる調査研究がその専門性とされている（大塚　2004）。臨床心理士は，2019年度現在，公認心理師とともに文部科学省（以下，文科省）が定めるスクールカウンセラーの任用要件であり，とくに都市部のスクールカウンセラーの多くがこうした専門的背景をもつ臨床心理士である。

95

また心理臨床は，実践や研究を支える理論やパラダイムが多様である。そもそも心理学は，物事の認識の仕方など知覚・認知の一般法則をさぐる知覚心理学・認知心理学や，人の集団行動や社会的行動を研究対象とする社会心理学，人の発達にかかわる発達心理学など多様な基礎と応用の心理学を含む。臨床心理学は，こうした心理学はもちろん，脳科学や精神医学，心身医学など医学的なパラダイムや，地域性や時代性など社会文化的な要因を含む社会パラダイム，精神分析や，条件づけなど伝統的な実験心理学や学習理論をふまえた行動理論，生態学やシステム論的アプローチなど多様なパラダイムを含む（大塚　2004）。

　つまり心理臨床とは，こうした幅広い臨床心理学の専門性を活かした，多様な領域での実践・研究活動であり，スクールカウンセラーの実践も，その１つとして，教育相談センターの相談員などと並ぶ教育領域の心理臨床である。

（２）カウンセリングとは

　カウンセリングとは，学習相談や商品紹介など，広く相談一般をさす場合もあるが，心理臨床でのカウンセリングは，ロジャーズ（Rogers, C.）による来談者中心療法が代表的である。

　ロジャーズは，カウンセリングに関する基本的仮説として，「カウンセリングが効果的に成立するために必要なのは，ある明確に形作られた許容的な関係であり，その関係のなかで，クライエントは，自分自身に気づくようになり，新たな方向をめざして，人生を前向きに進んでいけるようになる」とした（Rogers　1942，訳書 2005：22 頁）。また，カウンセリングで，相談に来た人（クライエント）が建設的なパーソナリティ変化を生じるには，セラピスト側の条件として，①セラピストがクライエントとの関係のなかで一致しており（congruent），統合して（integrated）いること，②セラピストがクライエントに対して無条件の肯定的配慮（unconditional positive regard）を経験し，③クライエントの内的な照合枠を共感的に理解（empathetic understanding）して，この経験をクライエントに伝えようと努めていること，そしてセラピストの共感的理解と無条件の肯定的配慮が最低限クライエントに伝わっていることが条件

になると指摘した（Rogers 1957，訳書 2001：267 頁）。これが，来談者中心療法の有名な3つの中核条件，つまり，①一致，②無条件の肯定的関心，③共感的理解である。

　来談者中心療法は非指示的（non-derective）と説明されることもあるが，非指示すなわち何も指示をしないという誤解を生じやすいため，来談者中心療法や，パーソンセンタードアプローチと呼称されている。

　ロジャーズのカウンセリングは，非指示という表現のように，カウンセラーが何か指示（答え）を出す過程ではない。来談者が，自分に肯定的な関心を向けてくれるカウンセラーに対して，自分の気持ちや考えを語り，語ること自体や，カウンセラーがそれを整理して示してくれることによって，自分のなかで気持ちや考えの整理が進み，自己理解が進んで自ら問題解決を進めていく過程である。否定されずに安心して話せること，またカウンセラーの価値観で判断するのではなく，無条件に肯定的な関心を向けてもらうことで，来談者が自分のかかえる問題や状況，自分自身について話しやすくなり，自分の気持ちや考えを安心して探求できること。さらに，カウンセラーが来談者の話をどう理解したかを来談者に伝え返すことで，来談者は，自分の気持ちや考えを客観的に見直すことや，深く味わって体験しなおすことができ，その結果として，来談者に変化が生じるのである。

　なお，この仕組みを活用して，教師が児童・生徒の話に肯定的な関心を寄せ，発言を否定せずに聴くことで，子どもたちの自己理解・自己成長を促進しようという立場から，教師の「カウンセリング・マインド」や「傾聴」ということが，かつて生活指導や教育相談の文脈で提案されたこともあった。しかし他方で，カウンセリングは「日常会話」でなく，専門家の専門的な行為に基づいている。来談者の語る言葉の背後にあるさまざまな感情や状況を理解し，来談者との間で理解を確認しながら，来談者の自己探求のプロセスをともに歩んでいく。それは，相応の訓練や知識・経験があってはじめて可能なことであり，そこに教師とは異なるカウンセラーの専門性がある。教師の「カウンセリング・マインド」や「傾聴」は，そうした専門的な行為を，日常の指導に活かそうと

第3章　教員とスクールカウンセリング　97

いう発想であるが，そもそも高度に専門的なことを日常に応用することには困難もあり，訓練の積み重ねが必要な事柄を訓練なしに真似ることには危険性もある。教師の「カウンセリング・マインド」や「傾聴」は，コツを知ったら応用できそうでいて，効果的に応用するのはむずかしい。安易に応用できる印象を与えて，混乱につながることには慎重でありたい。

　むしろ現在では，教師が「カウンセリング・マインド」や「傾聴」によって，カウンセラーになろうということよりも，教師は教師の，スクールカウンセラーはスクールカウンセラーの各専門性を活かした「チーム」での対応が推奨されている。教師は教師としての専門性を活かし，心理臨床の専門性をもつスクールカウンセラーや，福祉の専門家であるソーシャルワーカーなど，多様な専門性をもつ教職員と，それぞれの力を活かしてチームで課題解決を行おうという発想である。つまり教師としての専門性を自覚し高めることや，「チーム」で協働すべきスクールカウンセラーなど他職種の役割や特徴を理解することが，現代的な要請といえる。そのうえで，あくまで聞き方の1つのコツとして，「傾聴」の考えを知っておくことが適切であろう。

2 スクールカウンセラーとは

（1）スクールカウンセラーの役割

　それでは，スクールカウンセラー（以下，SC）とは，どのような役割や特徴をもつ職種だろうか。

　カウンセラーとあるので，単に学校で1対1の面接をする人と誤解されることも多い。しかし，学校は治療相談機関ではないし，1対1の支援ではなく，チームによる多くの子どもたちへの支援，いわば多対多の支援を基本とする場である。あくまで多対多の支援の場で，教師とチームになって支援を行うのがSCである。つまり，SCは，個人面接を行うことがあっても，それは相談機関とは異なる学校という場での，チームでの支援の一部としての個人面接である。SCは，学校という特別の場で支援を行う専門職であって単に学校にいるカウンセラーではない。

それでは,「チーム学校」のなかで,SC はどのような役割を担うだろうか。

SC の任用資格は,文科省の SC 等活用事業では,「公認心理師,臨床心理士,精神科医,児童生徒の臨床心理に関して高度に専門的な知識及び経験を有する大学の教授,准教授等の職にある者あった者,その他都道府県等が上記と同等以上の知識及び経験を有すると認めた者」となっている(文部科学省 a)。基本的に公認心理師は,大学と大学院で所定の実習などを含む心理学全般を学び,資格試験に合格した者である。また,臨床心理士は,公益財団法人日本臨床心理士資格認定協会が認定した専門カリキュラムをもつ大学院の修士課程を修了し,筆記と面接による資格試験に合格した者である。前述のように臨床心理士は,心理臨床実践について,専門的な知識を学び,大学院附属の相談室で訓練を受けて,資格試験に合格した者であるから,心理臨床実践について専門的知識と経験をもつ者である。

また,SC の役割は,2017(平成 29)年 4 月に,教育基本法施行規則によって,幼児,児童および生徒の「心理に関する支援」を行うことが規定された。これまで SC は,SC 等活用事業実施要領など事業内の用語としてしか記載されていなかったが,法的な根拠として,教育基本法施行規則内にその規定が書かれたのである。

これに先んじて 2017 年 1 月公表の「教育相談等に関する調査研究協力者会議報告書 児童生徒の教育相談の充実について〜学校の教育力を高める組織的な教育相談体制づくり〜」では,SC の職務が次のように記載された。

> スクールカウンセラーは,心理に関する高度な専門的知見を持ち,不登校・いじめ・暴力行為,子どもの貧困,児童虐待等の未然防止,早期発見,支援・対応をはじめ,学習面や行動面で困難を示す児童生徒や,障害のある児童生徒・保護者への支援に係わる助言や援助等を行う。
> 　具体的には,児童生徒・保護者,教職員に対して,カウンセリング,情報収集・見立て(アセスメント)や助言・援助(コンサルテーション),すべての児童生徒が安心した学校生活を送ることができる環境づくり等を行

う。さらに，スクールカウンセラーは，個々の児童生徒だけでなく，学校全体を視野に入れて，心理学的側面から学校アセスメントを行い，個から集団・組織にいたるさまざまなニーズを把握し，学校コミュニティを支援することが求められている。

（文部科学省教育相談等に関する調査研究協力者会議　2017）

つまり SC は，単に個別カウンセリングを行うのではなく，学校全体を支援の対象として，環境づくりも含めた多様な支援を，学校全体を支援対象として，心理の専門知識に基づいて行う専門職である。

（2）SC による学校環境づくり

それでは，SC による学校環境づくりは，どのように実現されるだろうか。

SC は，コンサルテーション（Caplan　1970）などによって，教師と連携・協働しながら問題解決にあたっていく。

コンサルテーションは，専門家から非専門家への指導助言ではないし，カウンセリングでもない。異なる専門性をもつ専門家どうしのやりとりである。たとえば，ある子どもについての教師コンサルテーションであれば，その子どもについて，コンサルタント（心理臨床のプロとしてコンサルテーションする人）である SC とコンサルティ（学校教育のプロとしてコンサルテーションを受ける人）である教師が情報共有をし，相互に話し合いながら，その子がどのような子なのか，またその行動にどのような意味があるのかなどについて理解を深めていく。教師は，日々の教室での観察や保護者面接などで得た情報やそれらに基づく子ども理解を SC に伝え，SC も，心理学の知識や SC 自身が教室や廊下でその子とかかわったときの印象など，SC がもつ情報や SC の子ども理解を教師に伝える。教師と SC は専門性がちがうので，両者の子ども理解を重ねてみることで，多角的な子ども理解が可能となる。どちらか一方の情報や視点で考えていたときよりも，子ども理解が深まり，新たに明確になった子どもや状況の理解をもとに，教師の次の手立てが浮き彫りになってくる。そうしてコン

サルティである教師の仕事の範囲のなかで行える支援策が明確化されるのがコンサルテーションの主な過程である。

　たとえば，なぜA君は班の話し合いでやる気がないのだろうと悩んでいた教師が，SCの臨床心理学的な見立てにふれることで，A君にはもともと自閉的な傾向から他者への関心が薄く，話し合いという協働作業に興味がもちにくいことに気づく。やる気ではなく，関心の問題なのだという新たな理解に基づいて，関心を引き出しやすくするテーマ設定や，やりとりの楽しさが体験できる工夫など，教師に新たなアイデアが浮かぶ。結果として，A君はもちろん，A君と教師の関係もよりよくなるであろうし，後日A君と似た特徴をもつ子どもに出会ったときの教師の対応の幅も広がる。

　こうしてコンサルテーションでは，児童・生徒を直接的に支援をするのは教師になる。SCにとってコンサルテーションは，間接的な支援である。教師が直接の支援者であることで，SCの勤務が週1回であっても，毎日の学校生活を通した教師ならではの支援が可能になる。教室での教師の毎日の指導が変われば，教師と子どもたちの関係も変化し，教室環境が変わる。

　またコンサルテーションは，前述のように，後続の類似事例についても教師の指導の幅を広げ，よりよい対応につながる。コンサルテーション事例が校内に蓄積すれば，それにつれて，学校全体の指導の幅が広がり，学校全体に教師の対応力が向上することになる。結果として，学校環境全体がよりいっそう支援的なものになっていく。これが，SCによる学校環境の変化といえる。

3 コンサルテーション・コラボレーション―教育相談担当者になったら

（1）コンサルテーションとコラボレーション

　上記のように，コンサルテーションは，支援の対象者だけでなく，直接支援を行うコンサルティすなわち教師の指導の幅を広げ，学校環境づくりにつながる。不登校の子どもや発達障害のある子ども，学校生活のなかで何らかの気になる様子をみせる子どもなど，教師が対応に迷ったり，指導の工夫が求められていると感じたりする児童・生徒は大勢いる。そうしたときに，教育学とは異

なる臨床心理学の専門性をもつ SC と話をすることで，教師の視野や理解が広がることは容易に想像できるであろう。

　児童・生徒のもつ課題が，SC にかかわる案件かを迷う前に，気軽に SC の意見を求めてみることが大切である。SC は，定期的に来校するので，実際に学級や当該の児童・生徒の様子を観察することもできる。コンサルテーションを固く考えず，立ち話のようなインフォーマルなコンサルテーションも，十分に有益なものとなることが指摘されている（鵜養・鵜養　1997）。

　ところで，学校では，SC も直接に児童・生徒と面接したり，保護者面接を行ったりできる。廊下や授業中の自然なかかわりのなかで，何らかの支援を行う機会もある。こうした機会を活かして，SC 自身も，教師と役割分担して，何らかの直接的な支援を担う場合に，それをコラボレーション（協働）という。

　コンサルテーションでは，支援策のどれを実行するかはコンサルティつまり教師の自由であり，同時に，その責任を負うのもコンサルティである。しかし，コラボレーションでは，SC も直接の支援を分担し，チームで支援の責任を負うことになる（藤川　2007）。もちろん，担任と SC だけでなく，養護教諭や部活動の顧問など多様な支援者がそれぞれ役割分担して支援を行うことがコラボレーションでは可能である。チーム学校そのものといえる。

　また，コンサルテーションやコラボレーションの対象は，児童・生徒個人とは限らない。学級全体へのかかわりについてや，いじめ防止プログラムなど学校全体でのプログラム運営などについてのコンサルテーションなど，組織運営やプログラムも対象に含まれる。SC であれば，コンサルテーションの基礎知識や経験をもっているはずである。SC の意見を気軽に聴いてみるようにして，コンサルテーションを多様に活用できれば，校内の教育活動をより効果的に行える。

（2）教育相談担当になったら

　SC の活動は，教師へのコンサルテーション，児童・生徒への直接の面接のほか，学級観察，心理教育など多様に考えられる。たとえば東京都では，小学

校5年生，中学1年生，高校1年生の全員にSCが面談する「全員面接」をすべての学校で行っている。発達段階からしても，子どもたちは，悩みをもったからといって，それを自覚し相談に訪れるとはかぎらない。全員面接には，潜在的なニーズをもつ子どもとSCが自然に知り合ったり，相談の敷居が低くなって個人面接や心理教育を行いやすくなったりといった幅広い効果がある。

　もしも，教育相談担当者が，SCの役割は児童・生徒や保護者との個人面談が中心と誤解していればどうだろう。担当者の役割は，児童・生徒や保護者からの直接の相談のスケジューリングに終始して，何時から何時は誰との面接ですといった，SCへの心理面接のマネジメント係になってしまうなど残念なことになる。

　ここまでに述べたように，SCを活用するためには，コンサルテーションをはじめ，教職員との多様なコラボレーションが重要である。そのためにはまず，教職員とSCが日常的に会話できる状況が重要になる。職員室にSCの机を設置するのはそのためである。また，SCの支援の対象となる児童・生徒は，不登校など問題を顕在化している少数の児童・生徒だと考えていると，学校全体を支援対象として予防成長促進的に支援を行うことがむずかしくなる。コンサルテーションの対象となる子どもは，すでに悩みを顕在化している子だけでなく，発達障害をかかえて学校生活に困難を生じやすい子や，転校や離婚など家庭環境に大きな変化があった子など幅広いはずである。成長期にある子どもたちは，誰もがさまざまな課題をかかえている。すべての児童・生徒が，SCを含む教職員チームの支援の対象であることを教職員全員が理解し，日常的に子どもたちについて情報を共有し，役割分担しながら支援を行っていくチーム支援が重要である。そして，それを促進するのが，教育相談担当者の役割であろう。教育相談部会や日頃の職員室の会話を通して，幅広くSCの意見を引き出し，教職員の指導に活かしていくことや，教育相談担当者自身が担当の児童・生徒についてSCと協働して支援にあたることで，活用のモデルを校内に示すなど，SC活用を促進するさまざまな工夫が教育相談担当者には期待される。

第3章　教員とスクールカウンセリング　103

4 学校で起きる問題とその対応―いじめ

（1）いじめに対応するための基礎知識

　いじめの対応については，2013（平成25）年に「いじめ防止対策推進法」
（文部科学省b　2013）が定められたので，必ず一読してほしい。

　人格形成期の子どもに，いじめという自己が傷つく体験が及ぼす悪影響はと
ても大きい。また，校内には，「いじめられた子」と「いじめをした子」の両
方がいる場合も多く，保護者や関係者，周囲の子どもたちも含めて，学級・学
年・学校全体に複雑な影響が及ぶ。それら多様な人の立場や気持ち，今後の生
活を考えながら行ういじめの対応は，とても複雑である。

　なお文科省では，いじめ防止対策推進法の施行に伴い，2013（平成25）年度
より，「児童生徒の問題行動等生徒指導上の諸問題に関する調査」におけるい
じめの定義を，次のように定めている（文部科学省c）。

　「いじめ」とは，「児童生徒に対して，当該児童生徒が在籍する学校に在籍
　している等当該児童生徒と一定の人的関係のある他の児童生徒が行う心理
　的又は物理的な影響を与える行為（インターネットを通じて行われるもの
　も含む。）であって，当該行為の対象となった児童生徒が心身の苦痛を感
　じているもの。」とする。なお，起こった場所は学校の内外を問わない。

　同調査におけるいじめの定義は，1986〜2005（昭和61〜平成17）年度までは，
「①自分より弱い者に対して一方的に，②身体的・心理的な攻撃を継続的に加
え，③相手が深刻な苦痛を感じているもの」とされていた。なかでも，
1986〜1993（昭和61〜平成5）年度までは，「学校としてその事実（関係児童生
徒，いじめの内容等）を確認しているもの」とされていたが，1994（平成6）年
度からその文言が削除され，代わりに，「個々の行為がいじめに当たるか否か
の判断を表面的・形式的に行うことなく，いじめられた児童生徒の立場に立っ
て行うこと」とされた。さらに2006（平成18）年度からは，「当該児童生徒が，
一定の人間関係のある者から，心理的，物理的な攻撃を受けたことにより，精

神的な苦痛を感じているもの」とされ，一方的に継続的に深刻なという文言が削除された。そして現在では，上記のような，2013年度からのいじめ防止対策推進法の施行に伴う新定義となった。これらの変遷からも，年代を追うごとに，いじめが被害者の立場に立って，より幅広く捉えられるようになったことがわかる。いじめを受けた児童・生徒が心身の苦痛を感じるような行為は，防止されるべきものだという方向性が明確に打ち出されている。

　たとえば，いじめ防止対策推進法の第一条には，いじめは「いじめを受けた児童等の教育を受ける権利を著しく侵害し，その心身の健全な成長及び人格の形成に重大な影響を与えるのみならず，その生命又は身体に重大な危険を生じさせるおそれがあるものである」と明記されている。教師としていじめに対応する場合にも，いじめがいじめを受けた子どもに重大な影響を与えること，とくに，健全な成長や人格形成に大きな影響を与え，生命や身体の危険にも及ぶことを，まず念頭におく必要がある。そうした重大な影響があるからこそ，いじめの予防・早期発見および対処について，国や地方公共団体などにも責務があるし，学校での教師の役割も大きい。

　また，「いじめ防止対策推進法」の第3条では，「基本理念」が述べられ，いじめ対応に重要な次の点が指摘された。まず，「児童等が安心して」学習などに取り組めるよう「いじめが行われなくなるように」，いじめが，日常的にも予防されるべきことが明記された。いじめ防止には，子どもたちの，いじめ問題への理解が不可欠であること，生命心身の保護を第一にしつつ，関係者と連携することが重要であることも指摘された。いずれもいじめ防止に本質的である。

　いっぽうで，いじめというと，「どこにもあること」「いじめを受ける側にも悪いところがある」といった思い込みが大人の側にあり，それらが暗に適切な対応をむずかしくしてしまう場合も多い。「どこにでもあるから」と，子どもへの心理的な影響が軽くみなされて，本人の思いつめた状況や傷つきの大きさが見逃されてしまう場合も少なくない。また，もし「いじめを受ける側にも悪いところがある」場合には，いじめをする側がいじめをしても当然であってい

じめは許されるというのだろうか。理由があれば他人の心身を傷つけてもよい，という理屈はないはずである。理由にかかわらず，いじめをしたり，いじめを受けたりすることは，あってはならないことであって，いじめを受ける側に課題があるとしたら，それは別の方法で支援されるべきものである。その認識を明確にもたないと，教師という立場にあっても，いじめられる側にも悪いことがあるからと，いじめを容認したり，黙認したりすることでいじめに加担してしまうことになる。教師は，このことの認識をまず確実なものとしておく必要がある。

　さらに，同法の「第3章　基本的施策」「第4章　いじめの防止等に関する措置」では，学校の設置者と学校が行うべき基本的施策などが述べられている。具体的には，①道徳教育などの充実，②早期発見のための措置，③相談体制の整備，④インターネットを通じたいじめへの対策の推進および，国および地方公共団体の基本的施策として，⑤いじめの防止等の対策に従事する人材の確保など，⑥調査研究の推進，⑦啓発活動である（文部科学省 d）。

　なかでも重要なのは，学校がより実効的にいじめ対策を行うために，複数の教職員，心理，福祉などの専門家そのほかの関係者から構成される組織をおくことが定められたことである。SC など心理などの専門家を含む校内組織であるいじめの校内委員会を設置し，組織的な対応をしなければならないことが明記されている。

　また，個別のいじめに対して学校は，①いじめの事実確認，②いじめを受けた児童・生徒またはその保護者に対する支援，③いじめを行った児童・生徒に対する指導やその保護者への助言，いじめが犯罪行為として取り扱われるべきものであると認めるときの警察との連携についても定められた。警察と連携を必要とするものなど，とくにいじめられた側の保護が必要な事例などにおいては，学校長による懲戒や出席停止制度が行えることも明記された。万引きの強要によるいじめや金品の巻き上げなど，犯罪にあたる事例についての対応である。

　さらに，児童・生徒の心身や財産に重大な被害が生じた疑いがある場合や，

いじめにより相当の期間学校を欠席することを余儀なくされている疑いがある場合は重大事態とされる。その場合，学校の設置者または学校は，速やかに適切な方法で事実関係を調査し，いじめを受けた児童・生徒およびその保護者に対し，必要な情報を適切に伝え地方公共団体の長などに報告し，必要な場合は地方公共団体の長などによる再調査やその結果をふまえて対応すべきことが定められている。

（2）いじめが起きたら

それでは教師は，実際に校内でいじめの場面に出会ったり，子どもたちからの訴えがあったり，あるいは，いじめアンケートなどによっていじめの発生に気づいたら，何をすべきだろうか。

最初にすべきことは，学年の教師や管理職，生徒指導主任などと情報を共有することである。学年の教師や部活動顧問などは，別の情報を把握しているかもしれないし，学級内とは別の場面で，子どもの様子を観察したり，子どもと話したりすることができる。

同時に，当事者たちから話を聴いて事実関係や，子どもたちの思いを確認する。しかしその際には，不用意に大人が話を聴くことで，かえって助けを求めなくなってしまう子や，担任教師との関係が必ずしもよくない子などについて，適切な配慮を要する。場合によっては，保護者からいじめの訴えがあったものの，本人が学校への連絡に同意しておらず，内緒にしてほしい，つまり，内緒で対応してほしいと保護者から依頼される場合もある。自ずと担任一人では対応がむずかしく，学年で打ち合わせて，誰がどの順番で誰に話をどうやって聴くかなどを考える必要がある。担任・学年教師・部活動顧問・養護教諭・SCなどでうまく役割分担することが必要になる。また，これらと並行していじめ対応の校内組織での検討も必要である。校内組織で対応することで，学年を超えた指導や，見守りなど，全校的な支援を行うことができる。

このように，事実の確認だけでも，いじめの対応には，さまざまな配慮とチームワークが必要になる。

第3章　教員とスクールカウンセリング　107

（3）いじめ対応に大切なこと

いじめの対応・対策で大事なことには，①いじめを受けた側の心理的な影響と同時に，いじめをした側の背景にある支援ニーズについても対応すること，②双方の保護者とも連携すること，③すべての子どもたちの安全安心な学校生活を守ることが学校の教育活動に欠かせないという認識が，校内外で共有されること，④いじめを受けた子どもの気持ちを尊重した対応を行うこと，⑤普段から教室内に助け合える人間関係を構築しておくことなどがある。

①の，いじめをした側への支援という視点をもたないと，いじめを行ってしまう子どもの状況は変わらず，結果としていじめが繰り返されてしまう危険がある。②の保護者との連携も見逃されやすい点であるが，もし学校と保護者の考えに大きな不一致があれば，極端にいえば，学校が双方にいじめはダメと言っても，家庭では，やんちゃは当然で強いほうがよい，やり返せというような指導であれば，子どもは自分に都合のよいほうに従ってしまう。学校と保護者が手を組んで，子どもを支え，子どもの行動の変化を同じ方針で働きかけていくことが大事になる。保護者との連携を考えても，③のすべての子への安全安心な学校生活という視点は重要である。保護者によっては，相手の子にも悪いところがあるから，自分の子がいじめを行っても当然であるという主張をする場合もあるかもしれない。すべての子に安全安心な学校という視点に立てば，いじめを行っている子も何かあれば教師に訴えて守られるべきであるし，すべての子に安全安心な学校を考えれば，相手に悪いことがあるからいじめて当然という理屈も成り立たない。④についても，いじめ対応について，いじめを受けた子どもの意思や希望を確認しながら丁寧に行うなど，本人の気持ちを尊重しながら進めていくことが大事である。そうでないと，子どもは安心していじめについて訴えることができない。ただでさえ，日本の学校では，教師が不用意にいじめを多数の前で取り上げることで，かえって状況がひどくなることをおそれる子どもが多い。そうした状況を避けるためにも，対応の初期から，いじめを受けた子どもの気持ちを受け止め，一緒に考えていく姿勢や子どもの意思を尊重する姿勢を示して，信頼関係を構築しておくことが重要である。

いじめは，子どもが訴えたら明日から教師がすぐに止められるというほど単純ではない。周囲の大人は，明日からいじめをなくすような非現実的な言葉ではなく，すぐにはなくならないかもしれないが，解決までずっと一緒に考えていくことを，子どもや保護者に明確に伝え，誰にも安全安心な学校づくりを学校全体がチームとなってめざすことや，そのためにも，何かあれば大人に伝えてをほしいことを，子どもたちに伝えることが重要である（Roberts 2008；2015）。さまざまな状況のちがいや，親子の個性のちがいはあっても，そうした大原則を学校教職員が共有しておくことで，保護者ともチームを組んで，適切ないじめ対応が可能になる。

5 学校で起きる問題とその対応—不登校

（1）不登校に対応するための基礎知識

文科省は，「児童生徒の問題行動・不登校等生徒指導上の諸課題に関する調査」で，年度間に連続または断続して30日以上欠席した児童・生徒を長期欠席者として理由別に集計しており，そこでの不登校は，「何らかの心理的，情緒的，身体的，あるいは社会的要因・背景により，児童生徒が登校しないあるいはしたくともできない状況にある者（ただし，「病気」や「経済的理由」による者を除く。）」としている（文部科学省 e）。つまり，不登校の共通点は，欠席日数が多いということであって，その背景要因には，友だち関係や教師との関係などや，発達障害，家庭の困難など多様なものが複合的に存在していることが多い。そのように，同じ不登校といっても，多様な要因，多様なタイプがあることを意識していないと，自分自身が出会った不登校児童・生徒の姿など，過去の限られた経験で，不登校の児童・生徒について判断をしてしまうかもしれない。過去の経験から偏った判断をしてしまうと，目の前の不登校の児童・生徒がもつ困難をうまく理解できず，支援が滞ってしまう危険もあろう。子どものかかえる困難を，その子どもの視点にたって，あらためて理解しようとする姿勢が大切であるし，そのためには，不登校の事例など書物からの知識を得ることで，理解の幅を広げておくことも有効である。

第3章　教員とスクールカウンセリング　109

（2）担任している子どもが不登校の状態になったら

　学校は毎日登校する場所であるから，できれば不登校に至る以前に，子どもたちの何らかのサインを受け止めて，子どもの思いやおかれた状況について理解を深め，支援につなげておきたい。不登校は誰にでも起こりうることであり，不登校だけでは問題行動といえないこと，欠席していても教育が受けられるように家庭との連絡や，適応指導教室や民間施設も含めた学校以外の学習の場の確保など，教育の機会均等に務めるべきことが文科省の基本方針としても明示されている（文部科学省f　2017）。

　よく知られることであるが，部活の欠席や退部，成績不振，家庭状況の変化，暗い表情，友だちとのトラブルなどは，いずれも子どもにとって，うまくいかない何かが存在しており，やがて支援が必要な状態に陥る予兆であることも多い。子どもにとって，問題が大きくなりすぎず，乗り越えやすい段階にあるうちに，小さな支援を提供することで，窮地を予防できることも多い。また，予兆の段階で，問題を把握できれば，その時点で，SCおよび学年の教員で情報を共有し，見守りの体制を整え，長期の欠席に至る以前に，教員やSCとの関係づくりを進めることができる。

　理由が明確でない欠席や，上記のような気になる状況にある子どもの不意な欠席などは，少しでも早く，SCおよび学年で共有し，家庭にも丁寧な連絡をとっておくことが大切になる。学校とのつながりが途切れたり，もともと希薄であったりすれば，子どもが元気を回復したときにも，安心感をもって登校することがむずかしくなる。子どもと学校とのつながりを強めて継続的な欠席を予防することが大切である。

（3）不登校対応に大切なこと

　不登校は欠席日数の多さを示す言葉であり，その原因はさまざまであることを先に述べた。

　さまざまな課題をかかえ，さまざまな支援を要する子どもを前に，学校が子どもにできることは少ないと思うかもしれない。とくに，子どもを登校可能な

「普通の状態」にどうにかして早くしなければと思うと，登校できない子ども
や家族を不甲斐なく感じ，子どもや家族を変えよう，原因を取り除こうなどと
考えてしまうかもしれない。

　しかし，学校ができることは，本来，個人の治療ではなく，学校環境を整え，
子どもと学校のつながりや，子どもが学び成長していける道筋を，学校という
機能を使って確保することである。

　具体的には，まずは，子どもがどのような困難にぶつかっているかを教師が
理解すると，それだけで子どもにとっては大きな支援になる。学校に理解者が
いることは，学校とのつながりを強め，学校が安心できる環境に近づく。家庭
的な困難や，これまでの育ちの偏りなど，一朝一夕には，変化のむずかしい課
題をかかえている子どもも多い。しかし，視点を変えれば，成長途中の子ども
は，どの子も多かれ少なかれそうした課題をかかえている。熱が高すぎて登校
できない状態のように，課題が大きすぎて，学校生活と両立がむずかしく，登
校できない状態もあれば，何がしか学校との関係が維持されていれば，しばら
くは調整期間が必要になっても，学校生活を少し調整することで，登校が可能
になる場合もある。

　子ども自身の心の成長と同時に，学校がどの子にとっても成長の場となれる
ように，すぐには登校できなくても，学校と子ども・家庭とのつながりを大事
にしていく必要がある。

6 学校で起きる問題とその対応—発達障害

（1）発達障害に対応するための基礎知識

　発達障害とは日本独特の概念であり，たとえば発達障害者支援法（平成16
年12月10日法律第167号）では，次のように定められた。

　　この法律において「発達障害」とは，自閉症，アスペルガー症候群その
　他の広汎性発達障害，学習障害，注意欠陥多動性障害その他これに類する
　脳機能の障害であってその症状が通常低年齢において発現するものとして

政令で定めるものをいう。

　もちろん，「発達障害」が日本独特というのは，上記のような障害などを一括する概念としての「発達障害」が独特ということであって，そこに含まれる個々の障害・症状についての医学的な診断基準は，国際的にも存在し，そうした障害や症状のある人は広く世界にいる。そうした医学的な診断基準とは別に，文科省は，発達障害という概念に一括される「自閉症」「高機能自閉症」「学習障害」「注意欠陥／多動性障害」を次のように定義している（文部科学省 g）。

　　自閉症：自閉症とは，３歳位までに現れ，１　他人との社会的関係の形成の困難さ，２　言葉の発達の遅れ，３　興味や関心が狭く特定のものにこだわることを特徴とする行動の障害であり，中枢神経系に何らかの要因による機能不全があると推定される。

　　高機能自閉症：高機能自閉症とは，３歳位までに現れ，１　他人との社会的関係の形成の困難さ，２　言葉の発達の遅れ，３　興味や関心が狭く特定のものにこだわることを特徴とする行動の障害である自閉症のうち，知的発達の遅れを伴わないものをいう。

　　また，中枢神経系に何らかの要因による機能不全があると推定される。

　　アスペルガー症候群とは，知的発達の遅れを伴わず，かつ，自閉症の特徴のうち言葉の発達の遅れを伴わないものである。なお，高機能自閉症やアスペルガー症候群は，広汎性発達障害に分類されるものである。

　　学習障害（LD：Learning Disabilities）：学習障害とは，基本的には全般的な知的発達に遅れはないが，聞く，話す，読む，書く，計算する又は推論する能力のうち特定のものの習得と使用に著しい困難を示す様々な状態を指すものである。

　　学習障害は，その原因として，中枢神経系に何らかの機能障害があると推定されるが，視覚障害，聴覚障害，知的障害，情緒障害などの障害や，環境的な要因が直接の原因となるものではない。

注意欠陥／多動性障害（ADHD：Attention-Deficit/Hyperactivity Disorder）：ADHD とは，年齢あるいは発達に不釣り合いな注意力，及び／又は衝動性，多動性を特徴とする行動の障害で，社会的な活動や学業の機能に支障をきたすものである。また，7歳以前に現れ，その状態が継続し，中枢神経系に何らかの要因による機能不全があると推定される。

こうした特性のある子どもたちは，学校生活のなかでも，その特性がさまざまな形で行動や態度に現れてくる。

広汎性発達障害の子どもは，コミュニケーションが苦手で，興味の範囲が限られているために，学級のなかで，ほかの子が興味をもつことに興味をもてなかったり，自分の視点からしか状況を捉えることができずに，集団生活になじめなかったりするかもしれない。

ADHD の子どもは，注意のコントロールが悪く，宿題や持ち物を忘れたり，時間や作業の見通しがつかずに，課題が未完成になったり遅刻したりするかもしれない。多動が目立つ子であれば，ほかの子が着席していられるような落ち着いた状況でも，わずかの刺激に動きだしてしまったり，衝動的な行動で周囲とぶつかることが目立つかもしれない。

LD の子どもは，文字どおり，学習に困難をかかえるので，学業不振に陥ったり，学習への苦手意識が強くなったり，自尊心が低下したりするかもしれない。また，努力しても得点に結びつかず，自分でもその原因がわからずに，自責的になったり，投げやりになったりするかもしれない。

このように考えると，発達障害のある子どもたちは，その生活上の困難から，悩んだり，自信を失ったり，周囲との関係が悪化したりしやすい面がある。二次障害といわれるように，発達障害それ自体に起因する困難だけでなく，その困難が引き起こす傷つきや，社会的な関係の困難などの二次的なむずかしさに直面するリスクをかかえているといえる。

しかし一方で，障害の有無にかかわらず，子どもに適した教育を保障し，子どもたちの成長を促進することの重要性は指摘するまでもない。発達障害者支

援法では，発達障害の早期発見や学校教育における発達障害者への支援が明記されている。2011（平成23）年の障害者基本法では，国および地方公共団体は，障害者がその年齢および能力に応じ，かつ，その特性をふまえた十分な教育が受けられるようにするため，可能なかぎり障害者である児童および生徒が障害者でない児童および生徒とともに教育を受けられるよう配慮すべきことが明記され，2016（平成28）年の障害者差別解消法では，「不当な差別的取扱い」が禁止され，「合理的配慮の提供」が義務づけられた。

「合理的配慮」とは，障害者の権利に関する条約において，「障害者が他の者と平等にすべての人権及び基本的自由を享有し，又は行使することを確保するための必要かつ適当な変更及び調整であって，特定の場合において必要とされるものであり，かつ，均衡を失した又は過度の負担を課さないものをいう」と定義されている。文科省では，具体例として，バリアフリー・ユニバーサルデザインの観点をふまえた障害の状態に応じた適切な施設整備，障害の状態に応じた身体活動スペースや遊具・運動器具などの確保，障害の状態に応じた専門性を有する教員などの配置，移動や日常生活の介助および学習面を支援する人材の配置，障害の状態をふまえた指導の方法などについて指導・助言する理学療法士，作業療法士，言語聴覚士および心理学の専門家などの確保，点字，手話，デジタル教材などのコミュニケーション手段を確保，一人ひとりの状態に応じた教材などの確保（デジタル教材，ICT 機器などの利用），障害の状態に応じた教科における配慮をあげている（文部科学省 h　2010）。

（2）発達障害支援に大切なこと

発達障害のある児童・生徒と同じ学級になった経験は，必ずしも発達障害の理解に結びつかず，むしろ，発達障害への差別的な態度につながってしまう例もある。そのような結果にならず，発達障害のある児童・生徒はもちろん，周囲の子どもたちにとっても，多様性を受け入れて，他者のよい面から学び，協力しあえる学級をつくることが重要である。

また，そのためには，教師自身が発達障害について，適切な知識理解を深め

ることが前提になる。自閉傾向の子どもはコミュニケーションが苦手といった一般的理解だけでなく，指導する子どもの行為がどのように障害と関連しているのか。障害の特性が，子どもの行為にどのように現れているのか。子どもの姿と障害を具体的に結びつけた理解と，応じた手立てを見いだすことが必要になる。書店には，ヒントになる具体的な指導事例を述べた書籍も多くある。また，子どもの行動を，障害特性も含めて分析的に捉えることは，SC の得意分野でもある。学級での様子を観察できるのも SC の利点である。日常の教室場面で，教室という文脈要因も含めた行動理解を，SC と一緒にすることは有効である。特別支援教育に特化した専門家が各校を巡回して助言する仕組みがある地域も少なくない。地域の特別支援学校は，特別支援教育の拠点として，地域の学校への巡回相談を行っている。少人数での学習活動の時間や，美術図工，体育など子どもの動きが出やすい場面で，実際に SC や特別支援の巡回相談員に子どもの姿を見てもらい，具体的な姿と障害の特徴を適切に結びつけて，指導の工夫を検討するコンサルテーションの機会を，そうした専門家と設けていくことはとても重要である。

　発達障害にかかわらず，子どもの行動をどう理解するかを，SC と考えていくことは，教師の力を増強させる。SC に任せるとか，SC に教師役割を取られるといった誤解をせず，新しい知識によって教師の力を増強させるように，SC という異なる専門性から教師が力を増し，チームでの支援によって学校全体が力を増していくことが重要である。

深い学びのための課題
1. いじめが起きたときの対応をシミュレーションしてみよう。
2. いじめが起きたときに，いじめを受けた子どもにどのような言葉をかけたらよいか考えてみよう。
3. 不登校の子どもは，どんなときに，担任に理解されていると感じるか考えてみよう。
4. 発達障害のある子どもが，授業中に騒いでしまうときに，具体的な対処としてどのようなことができるか考えてみよう。

第 3 章　教員とスクールカウンセリング　　115

参考・引用文献

アメリカ心理学会（2017）「臨床心理学」http://www.apa.org/ed/graduate/specialize/clinical.aspx（2017年11月13日最終閲覧，以下同じ）

伊藤亜矢子（2009）『改訂版　学校臨床心理学―学校という場を生かした支援』北樹出版

鵜養美昭・鵜養啓子（1997）『学校と臨床心理士　心育ての教育をささえる』ミネルヴァ書房

大塚義孝編著（2004）『臨床心理学全書Ⅰ臨床心理学原論』誠信書房

藤川麗（2007）『臨床心理のコラボレーション―統合的サービス構成の方法』東京大学出版会

文部科学省 a「スクールカウンセラー等活用事業実施要領」http://www.mext.go.jp/a_menu/shotou/seitoshidou/1341500.htm

──b「いじめ防止対策推進法」http://www.mext.go.jp/a_menu/shotou/seitoshidou/1337278.htm

──c「いじめの定義の変遷」http://www.mext.go.jp/component/a_menu/education/detail/__icsFiles/afieldfile/2015/06/17/1302904_001.pdf

──d「別添1　いじめ防止対策推進法（概要）」http://www.mext.go.jp/a_menu/shotou/seitoshidou/1337288.htm

──e「児童生徒の問題行動・不登校等生徒指導上の諸課題に関する調査―用語の解説」http://www.mext.go.jp/b_menu/toukei/chousa01/shidou/yougo/1267642.htm

──g「主な発達障害の定義について」http://www.mext.go.jp/a_menu/shotou/tokubetu/004/008/001.htm

──h（2010）「資料3：合理的配慮について」http://www.mext.go.jp/b_menu/shingi/chukyo/chukyo3/044/attach/1297380.htm

──f（2017）「義務教育の段階における普通教育に相当する教育の機会の確保等に関する基本指針」http://www.mext.go.jp/a_menu/shotou/seitoshidou/__icsFiles/afieldfile/2017/04/17/1384371_1.pdf

──（2017）相談等に関する調査研究協力者会議「児童生徒の教育相談の充実について～学校の教育力を高める組織的な教育相談体制づくり～（報告）」http://www.mext.go.jp/component/b_menu/shingi/toushin/__icsFiles/afieldfile/2017/07/27/1381051_2.pdf

Caplan, G（1970）『The Theory and Practice of Mental Health Consultation』New York Basic Books

Rogers, C.R.（1942）『Counseling and psychotherapy; Newew Concepts in Practice』Boston:Houghton Mifflin 末武康弘・保坂亨・諸富祥彦訳（2001）『ロジャーズ主要著作集1　カウンセリングと心理療法実践のための新しい概念』岩崎学術出版社

──（1957）The Necessary and Sufficient Condition of Therapeutic Personality Change, *Journal of Counseling Psychology. 21*, 2, 95-103.（H. カーシェンバウム・V.L. ヘンダーソン編／伊藤博・村山正治監訳（2001）「セラピーによるパーソナリティ変化の必要にして十分な条件」『ロジャース選集（上）―カウンセラーなら一度は読んでおきたい厳選33論文』誠信書房

Roberts, W. B. Jr.（2008）*Working with Parents of Bullies and Victims*, US. Corwin Press, A Sage Publication Company.（伊藤亜矢子監訳（2015）『いじめっ子いじめられっ子の保護者支援マニュアル』金剛出版

■コラム①　教育センター

多くの区市町村など地方公共団体が，教育研究所や教育センターなどの名称で設置した施設で，市民向けの教育相談センター（教育相談室）や，不登校生徒のための適応指導教室（教育支援センター）などが設置されていることが多い。教育相談センターでは，スクールカウンセリングとちがって，相談のための施設を設置すること

ができる。たとえば，母子並行面接では，保護者と子どものそれぞれに担当者がついて心理面接を行う。保護者は，落ち着いて相談員と話せる面接室で相談をし，子どもは遊具のあるプレイルームでプレイセラピーをするといった形が一般的である。

プレイセラピーは，単なる遊びではなく，そのために設置された部屋に，子どもの発達段階や課題に合った遊具が用意され，遊びを通して自己表現が促進されて，相談員との間で安心して自己表現できる機会が保障されることで，カウンセリングと同じように，子どもの心理的な変化が促進される。自分の悩みを言葉にするのがむずかしい子どもであっても，たとえばゲームやままごとなどの遊びに，自分の直面している苦境や課題が自然に表現される。決められた時間と場所などの守られた枠組みのなかで，プレイセラピーの時間には，専門的な訓練をうけた心理相談員が，安全な形で関心を寄せ，遊びを通して表現されるものを受け止め，共感的に理解してくれる。そうしたセッションを積み重ねることで，少しずつ心を開くことができ，意識せずに自然な形で直面している課題を表現して，表現することで課題を乗り越えて成長することができる。プレイセラピーについては，解説や事例などをまとめた書籍もあるので，カウンセリングや心理療法の書籍と合わせて読むと，カウンセリング・心理療法とそれを通した心理的な変容について理解できる。

また，こうした心の世界を他者と共有して自己変容を遂げていくプロセスは，自らの心の世界を他者と共有することであるから，とてもプライベートで，守られた環境が必要である。学校の相談室は，公共の通路である廊下に面し，教室移動の子どもたちで騒々しかったり，心の世界の探求をしていても，すぐに現実的な授業の場面に戻らなければならなかったりする。いわば，

心の奥にある秘めた世界をカウンセラーに開示するというプライベートで非日常的な行為と，学校という公的な場での授業や集団生活という日常が，すぐ隣り合わせに存在している。それだけに，学校内の相談室で，心の世界を深く扱うことにはむずかしさがある。誰にも知られたくないことを話しているときに，廊下でふざけている子がドアをいたずらで開けてしまうかもしれないし，ギャップの大きな2つの作業（心の世界の作業と授業）を行き来することの辛さ，自分の心の秘密を知っているカウンセラーと廊下で会ってしまうなど非日常が日常に入ってきてしまうことなどである。

本文にも述べたが，スクールカウンセラーは，校内で1対1のカウンセリングを専門にする人ではないし，上記のように，校内で深い悩みを扱う治療的なカウンセリングを行うことには構造的なむずかしさがある。他方で，治療的なカウンセリングやプレイセラピーを安全な形で行うことで，元気を取り戻せる子どもも大勢いる。そうした場合に，教育センターの心理相談が有効である。並行して，学校では，スクールカウンセラーと教師の連携で，現実的な場だからできる支援を行うことができる。

なお，現在では，臨床心理士養成を行う大学院などには付属の相談センターなどが設置されている。有料だが，教育訓練と大学の社会貢献等を目的に，廉価な相談料で相談できる場合が多い（大学のウェブサイトに詳細が掲載されている）。そうした機関や，医療機関・民間のカウンセリングセンターなどを活用することもできる。どの機関でどのようなサービスが受けられるかなども，スクールカウンセラーは詳しい。担任教師とスクールカウンセラー，管理職，コーディネーターや養護教諭で相談のうえ，相談先の選択肢を家庭に情報提供し，子どもへの支援を厚くしていくことも重要である。

第3章　教員とスクールカウンセリング　　117

第4章

教員とスクールソーシャルワーク

1 学校におけるソーシャルワーク実践のために

　日本の公教育にソーシャルワークが正式に導入され,「スクールソーシャルワーカー活用事業」がスタートしたのは 2008（平成 20）年である。以後, スクールソーシャルワーカーの人数は確実に増加し, 義務教育である小・中学校だけでなく, 高等学校や大学でもスクールソーシャルワーカーを雇用するようになった（高校の場合, ユースソーシャルワーカーと呼称する自治体もある。また大学の場合はキャンパスソーシャルワーカーの名称を使用していることが多い）。また, 私立学校や民間の団体でも, ソーシャルワーカーをスタッフとしているところがある（子どもソーシャルワーカー, コミュニティユースワーカーという名称で活動している例がある）。

　スクールソーシャルワーカーが主に対応するのは,「スクール」の名が表すように,「学校」に所属する, おおむね 6 〜18 歳（大学生まで入れれば 22 歳）までの子ども（学齢期・青年期にある子ども・青少年）のうち, 福祉的な支援を必要とする子どもである（自治体によっては, 就学前の子ども・0 〜 6 歳を対象にしているところもある）。この「福祉的な支援」は, 現行の制度やサービス内での支援という意味だけではなく, 人々のウェルビーイング（よい状態・幸せ）のために, その暮らし（生活）を支える, つまり, 子どもの暮らす環境（家庭や地域）がその子どもにとって, 安心・安全に居られる場所となるような活動全般をさす。具体的には, 生活困窮（貧困）や児童虐待, ドメスティックバイオレンス（DV）, いじめやハラスメントなどに加え, ひとり親, 障害, 社会的養護, 外国籍等の子ども・保護者など,「自分ではどうすることもできず, 社会的に不利な状況におかれている」人々への支援を行うと考えてよいだろう。

ここにはもちろん，地震や水害，台風被害といった災害も入る。

　いっぽう，今日学校をとりまく環境に目を向けると，教員の職務の範囲が広すぎたり（無限定性），忙しすぎたり（多忙化）といったことが取りざたされている。そのため，スクールソーシャルワークが浸透するにつれて，スクールソーシャルワーカー個人が行う支援の即効性や，問題解決力そのものを強く求められる傾向がある。しかし，スクールソーシャルワークは，当事者・支援者・関係者が協働しながら展開されるものである。また，本来自己決定をするのは，当事者である子どもや保護者であることを忘れてはならない。解決に向けた糸口や答えは，子ども自身，そして保護者自身がもっているのである。

　ところで，スクールソーシャルワークは，"学校を基盤としたソーシャルワークの実践"である。そのため，「ソーシャルワークとは何か」という基本的な部分の理解が不可欠となる。しかしながら，現行の教員養成課程においては，ソーシャルワークについて詳しく学ぶことがむずかしい。そこで本章ではまず，ソーシャルワークならびにスクールソーシャルワークについて，欧米での発祥の歴史や基盤となる理念及び定義を紹介する。つづいて，わが国におけるスクールソーシャルワーカーの仕事と役割などに焦点をあて，スクールソーシャルワークが実際にどのように展開されるのかを，事例もまじえてみていく。

2 ソーシャルワークとは

（1）ソーシャルワークの源流

　ソーシャルワーク（social work）とは，貧困や障害，不平等や差別といった問題に対し，その社会的な不利を是正して，生活課題の改善や生活の質の向上をめざす活動全般のことをさす。その活動領域は広く，個別援助（ケースワーク），集団援助（グループワーク），地域援助（コミュニティワーク）と呼ばれる援助だけでなく，社会変革に向けての行動や政策提言（ソーシャルアクションという）をも含んでいる。しかしながら，ソーシャルワークは，はじめからそのような体系のもとに実践されていたわけではなく，歴史的には，それぞれが発展しながら徐々に包含されてきたものであった。以下に，それぞれの成り立

第4章　教員とスクールソーシャルワーク　119

ちをみていくことにする。

　個別援助（ケースワーク）の起源は，1869 年にイギリスで設立された慈善組織協会（COS：Charity Organization Society）の「友愛訪問」にあるといわれる。これは，貧困の原因が貧窮者個人の道徳心の未成熟にあると考え，友愛訪問員と呼ばれるボランティアが貧窮者のもとへ出向き，貧困から抜け出すための助言や援助を行うものであった。

　この活動の実践者で，のちに「ケースワークの母」と呼ばれたメアリー・リッチモンド（Mary E, Richmond）は，対象者となる個人がもっている未熟さを課題として捉えるだけでは援助にならないとし，その人を取り囲んでいる状況を調査・検討，および社会的困難を把握する必要性を記し，友愛訪問に科学的な視点を導入した（『社会的診断』，1917）。またその後出版された『ソーシャル・ケース・ワークとは何か』（1922）で，個別援助技術（ケースワーク）について，「ソーシャル・ケース・ワークは，人間と社会環境との間を個別に，意識的に調整することを通してパーソナリティーを発展させる諸過程から成り立っている」と定義し，その科学化と専門化に寄与した。

　他方，集団援助（グループワーク）は，イギリスにおけるセツルメント活動にその源流をみることができる。主唱者のバーネット（Samuel Barnett）牧師夫妻は，オックスフォードやケンブリッジの大学生とともにロンドン郊外の貧困地区であるイースト・エンドに住み込み，困窮している住民との生活を通して，自立と自助をめざす社会教育的なグループ活動を試みた。その拠点として，1884 年に「トインビー・ホール（Toynbee Hall）」が建設されたが，これは，バーネットとともにセツルメント活動に邁進しながらも早世した，経済学者のアーノルド・トインビー（Arnold Toynbee）にちなんでつけられたものである。

　トインビー・ホールでは，セツラー（あるいはレジデント）と呼ばれるスタッフが常駐，住民らのニーズを把握しながら，住宅問題や雇用，子どもの教育問題などへの関心を高め，さまざまな活動を行っていった。これらの活動は，アメリカへも波及し，1886 年，スタントン・コイツ（Stanton Coit）がニューヨークにおいてネイバーフッド・ギルド（Neighborhood Guild）を創設，1889

年には，ジェーン・アダムス（Jane Addams）が，エレン・スター（Ellen Gates Starr）とともにシカゴに「ハルハウス（Hull House）」を設立した。その活動は，多岐にわたり，移民の生活改良活動として，料理，裁縫などの技術講習や音楽・演劇・描画などの芸術活動，子ども会やキャンプ活動等を行うなどした。その後，社会における女性の権利の拡張にも尽力し，フローレンス・ケリー（Florence Kelley）らと「工場改善法」の成立に力を注ぐなど，社会運動の中心となっていった。

　ハルハウスの実践には，新教育（進歩主義教育）運動の創始者であるジョン・デューイ（John Dewey）も賛同し，1897 年には役員として参画している。また，デューイの著作（『学校と社会』『民主主義と教育』）やデューイ自身の試みにも，ハルハウスが影響している。1894 年のシカゴ大学就任後の 1986 年，デューイは「実験（室）学校（laboratory school）」を開設し，児童中心主義を主張していくことになるが，いずれにせよセツルメント活動が，今日の集団援助（グループワーク）の理論の形成，そしてスクールソーシャルワークの形成に寄与したことはまちがいない。

　こうして援助活動が進み，やがて地域援助（コミュニティワーク）という概念が理論化されていく。その契機となったのが，1939 年全米社会事業会議に出された「レイン報告」（Lane report）である。この報告書は，地域社会のニーズを捉え，社会資源の開発に努めて，両者の調整を図ることの重要性にふれた内容となっている。これはいわゆる「コミュニティオーガニゼーション（地域組織化活動）」で，住民が自ら主体となって，福祉活動を行うことを提唱したものである。コミュニティワークという言葉は，1960 年代以降イギリスで使用されるようになるが，この 3 つ（個別・集団・地域）の援助を 1 つにした「ソーシャルワークの定義」を形成する流れは，1950 年代ごろから欧米で急速に広まっていった。1955 年には，さまざまな分野で活動するソーシャルワーカーたちにより，「全米ソーシャルワーカー協会（NASW：National Association of Social Workers)」が結成された。その後ソーシャルワークの理論化が進むが，なかでもバートレット（Bartlett, H.M.）は，「ソーシャルワーカーは，状

第 4 章　教員とスクールソーシャルワーク　　121

況の中に巻き込まれている人々の観点から状況を理解しようと試みるところからはじめている」と述べ，「人とその環境の両者に絶えず関心をもつこと」や「状況のなかの人（person in the situation）という現象全体を把握すること」を記している。その後，システム理論やエンパワメントアプローチ，エコロジカルアプローチ，ナラティブアプローチといったソーシャルワーク理論が提唱されるようになったが，これらはスクールソーシャルワークにおいても重要かつ基本的な理論となっている。

（2）ソーシャルワークのグローバル定義

　ソーシャルワークのさまざまな理論化が進み，国際規模で発展していくに従い，ソーシャルワークを世界全体の共通する実践方法とする流れが出てきた。国の文化や制度がそれぞれ異なっていたとしても，貧困や不平等などの問題は共通の課題であり，グローバルな視点（global perspective）で捉えていく必要があるとの認識が高まっていった。国際ソーシャルワーカー連盟（IFSW：International Federation of Social Workers）によって，1982 年，2000 年と定義されていたソーシャルワークの定義は，2014 年，「ソーシャルワークのグローバル定義」として再定義された。

ソーシャルワークのグローバル定義

　ソーシャルワークは，社会変革と社会開発，社会的結束，および人々のエンパワメントと解放を促進する，実践に基づいた専門職であり学問である。

　社会正義，人権，集団的責任，および多様性尊重の諸原理は，ソーシャルワークの中核をなす。

　ソーシャルワークの理論，社会科学，人文学，および地域・民族固有の知を基盤として，ソーシャルワークは，生活課題に取り組みウェルビーイングを高めるよう，人々やさまざまな構造に働きかける。

この定義は，各国および世界の各地域で展開してもよい。

> 出所：国際ソーシャルワーカー連盟（IFSW）・2014，日本語訳（「社会福祉専門職団体協議会」）は2015年2月に確定

　グローバル定義においてソーシャルワーカーは，「人権」と「社会正義」をその行動の基盤とすることが示されている。それは，ワーカー自身絶えず自分の考え，価値観を確認（これを自己覚知という）しながら，構造的に不利な立場におかれた人々とともに，障壁（不平等，差別，搾取，抑圧の永続）と向き合い，当事者とともに生活課題に取り組むということでもある。

　わが国においては，ソーシャルワーク専門職として，国家資格である「社会福祉士」「精神保健福祉士」が該当する（表4.1参照）。ソーシャルワーカーの業務は，資格がなくても従事することは可能である（これを名称独占という）が，資格を所持していることは，専門職としての水準を示すことになる。実際，スクールソーシャルワーカーについても資格保有が原則となりつつある。

表4.1　社会福祉士・精神保健福祉士制度の制定の経緯および根拠法

名　称	制定の経緯	根拠法	備　考
社会福祉士	「増大する，老人，身体障害者等に対する介護需要」に対応するため，「誰もが安心して，老人，身体障害者等に関する福祉に対する相談や介護を依頼することができる専門的能力を有する人材を育成，確保」することを目的として制定	社会福祉士及び介護福祉士法：1987（昭和62）年	医療領域は含まない
精神保健福祉士	「増加する精神障害者の社会的入院からの社会復帰」に対応するため，「精神保健の向上及び精神障害者の福祉の増進に寄与することができる専門的能力を有する人材を養成，確保」することを目的として制定	精神保健福祉士法：1997（平成9）年	主として，対象となる精神障害者へ対する，医療と社会生活への支援が中心

出所：社会福祉士及び介護福祉法（1987），精神保健福祉士法（1997）をもとに筆者作成

（3）ソーシャルワークの目的と価値・倫理

　ソーシャルワークの目的は，人々が生活していくうえでの問題を解決もしく

は緩和し，個人のウェルビーイング（well-being）の状態を高め，生活の質（quality of life）の向上をめざすことにある。ウェルビーイングとは，個人の人権の尊重を前提に，自己実現の促進を目的とした「幸福，福利，良好な状態」という意味である。

　また，ソーシャルワークでは，目的を達成するための行動原理として，専門的価値や倫理に重きをおく。ここでいう価値とは，外側からもたらされるもの，あるいは経済学的な要素で図るものではなく，人間の内的，哲学的ともいえる，精神的な活動のなかに存在する原理や判断基準と考えられる。なお，ソーシャルワーカーの専門性を担保する，こうした価値や倫理は，多くの場合，「倫理綱領」の形で示されている。

（4）ソーシャルワークの展開過程

　ソーシャルワークを展開するときの過程は以下のとおりで，おおむね4〜10項目の段階があるとされる（ここでは，日本ソーシャルワーク学会の示す8段階を紹介する。表4.2参照）。スクールソーシャルワーカーの活動でも，基本的にこのステップでソーシャルワークが行われる。スクールソーシャルワーカーが単独で行う段階もあれば，教員や関係者，そして当事者とともに，協働して実施する段階もある。たとえば，「インテークを教員の同席のもと行う」「教員とスクールソーシャルワーカーが共同でアセスメントを実施する」などである。基本的には①〜⑧の流れ（時系列）で進められるが，実際の支援場面においては，②〜⑥が繰り返し行われる。アセスメントによって立てられた目標が達成できないなど，修正が必要な場合には，再アセスメントや再プランニングを何度でも行うことになる。

（5）ソーシャルワークの実践領域とその手法

　ソーシャルワークは，生活課題の改善に向けての取り組みとして発展を遂げるなかで，その領域が広がりをもつようになった。以下にその体系を示すが（図4.1），それぞれの領域が独立・分断しているわけではなく，たとえば個別

表 4.2 ソーシャルワークの展開過程

展開過程	内　容
①インテーク（初回面接・受理面接）	クライエントのニーズ，ニーズと機関が提供するサービスとの整合性，クライエントのサービスを受ける資格の有無を明らかにする
②アセスメント（事前評価）	情報収集を行い，ニーズをより詳しく把握する
③プランニング（目標設定と計画作成）	ニーズが充足された状態を示したケース目標を立て，その目標を実現するために，行うべき援助計画を作成する
④インターベンション（介入）	援助計画に基づき介入＊を行う。
⑤モニタリング（援助の効果測定）	ケース目標の達成の程度とそれが援助によるものかを測り，目標の再設定，援助計画の見通しを行う
⑥エバリューション（事後評価）	目標が達成されケースを終結できるか決定する
⑦終　結	援助が必要なくなったと判断された場合，援助関係を終わらせる
⑧フォローアップ（追跡調査）	終結後一定期間，問題の再発，新たな問題の発生の有無を調査し，必要な場合は再び援助につなげる

注：＊ソーシャルワークでは，援助の実施を行うとき，「介入」という言葉を用いる。
出所：日本ソーシャルワーク学会，2013

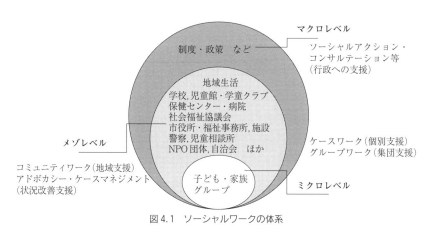

図 4.1　ソーシャルワークの体系

援助（ケースワーク）を行いながら，地域の資源を活用し，環境や社会のあり方にも働きかけていくなど，重層的な動きとなる（コミュニティワークやソー

シャルアクションがそれにあたる）。とくに，地域をベースとした生活支援は，地域にあるさまざまな機関やサービスを組み合わせたり，既存になければつくり出していくことにもなるのである。このような，多様で包括的な活動，ならびに手続きをケースマネジメント（case management）という。

ソーシャルワークはミクロ，メゾ，マクロの3つのレベルで展開されることになるが，それぞれのレベルを往還的に行き来する場合に，ケースマネジメントは欠かせないものとなる。

3 スクールソーシャルワークとは

（1）スクールソーシャルワークの源流と他国の状況

スクールソーシャルワークの始まりは，アメリカでの訪問教師（Visiting Teacher）制度であるといわれている。これは，前項で示したアメリカでのセツルメントハウスの活動に起を有する。移民家庭の急激な増加を背景に，児童就労が社会問題化するなか，社会改良や経済問題の改善に関心をもっていたセツラーたちによって，児童の生活支援と不就学問題への対応が試行され，1906年から3都市（ニューヨーク，ボストン，ハートフォード）で，ほぼ同時期に訪問教師活動が始まったとされる。

1940年代には，スクールソーシャルワーカーと呼称されるようになったが，1960年代には学校で働く専門職が多様になり（心理判定士，養護教諭，出席調査官など），その役割と職務について，混乱したこともあったという。スクールソーシャルワーカーが飛躍するきっかけになったのは，1973年に施行された職業リハビリテーション法と，それに続いて制定された全障害児教育法（1975年）である。スクールソーシャルワーカーは，この法律の下，多職種とチームを組み，特別教育（special education）の必要な子どもに対し，個別の支援プログラムを作成していった。1978年には，ワーカーの急激な増加に伴い，NASW（全米ソーシャルワーカー協会）による「行動規範」がつくられるなどしている。ちなみに，アメリカ以外では，制度の名称のちがいはあるが，カナダやイギリス，ドイツ，東欧・北欧でスクールソーシャルワークが取り入れられ

ている。アジアでは 1970 年代に香港で導入され，1999 年にはモンゴルで全学校に配置された。また，韓国でも 1990 年後半より積極的な展開がなされている。

（2）わが国におけるスクールソーシャルワークの歴史と全国展開までの動き

日本においては，近代学校の成立から始まる学制のなかで培われてきた教育制度や教育実践のなかに，社会福祉ともいえる取り組みが存在しており（たとえば学校給食や就学援助制度など），教員が福祉的支援の実質的な担い手として，ある特定の時期に制度化されたこともあった（戦後の福祉教員や訪問教師，阪神淡路大震災後に配置された教育復興担当教員など）。

スクールソーシャルワークを打ち出した活動としては，1980 年代に埼玉県所沢市でスタートした山下英三郎氏による実践が知られている。氏の実践は，当時学校現場で頻発していた校内暴力と，増加傾向にあった不登校への支援を対象としたもので，児童・生徒への直接的なかかわりと継続的な家庭訪問（アウトリーチ）による家族への支援を中心に，学校・家庭・子どもの関係調整や仲介機能を担うものであった。外部機関との連携，地域社会内に自助グループやフリースペースなどの社会資源を創出することや，教員や保護者への研修会を行うなど，実際のケース対応だけでなく，予防的な活動も含まれていた。

その後学校現場には，教員以外の人材として初めて，スクールカウンセラーが入ることになる。スクールカウンセラー制度が全国的に導入された 1995 年は，おりしも阪神淡路大震災が起きた年であり，「心のケア」の必要性が認識される契機となった。国は全公立小中学校（約 2 万 7500 校）へのスクールカウンセラーの配置を進めている（2019 年現在）。いっぽう，スクールソーシャルワークの導入は，2000 年に入ってから各地で少しずつみられるようになる。兵庫県赤穂市，茨城県結城市，香川県でスクールソーシャルワークを取り入れた教育相談援助活動が行われるようになり，2005 年からは大阪府，2006 年東京都杉並区，兵庫県，2007 年に福岡県志免町，栃木県高根沢町などが取り入れるようになった。とりわけ大阪府の取り組みは，スクールソーシャルワーク

第 4 章　教員とスクールソーシャルワーク　127

事業のモデルとして 2008 年からの全国的な導入の呼び水となった。

（3）「スクールソーシャルワーカー活用事業」にみるスクールソーシャルワーカーの定義・位置づけ・職務とチーム学校について

　文部科学省は，2000 年ごろからの全国的な動きをふまえ，2008 年より「スクールソーシャルワーカー活用事業」を開始した。事業の趣旨として「スクールソーシャルワーカー活用事業実施要項（文部科学省）」に記されているのは，「いじめ，不登校，暴力行為，児童虐待など，生徒指導上の課題に対応するため，教育分野に関する知識に加えて，社会福祉等の専門的な知識・技術を用いて，児童生徒の置かれた様々な環境に働きかけて支援を行う，スクールソーシャルワーカーを教育委員会・学校等に配置し，教育相談体制を整備する」ことである。生徒指導に関する学校・教員向けの基本書である「生徒指導提要（文部科学省，2010）」には，表 4.3 のような定義・資格・職務内容が示されている。

　2015 年 12 月に提出された，中央教育審議会による答申「チームとしての学校の在り方と今後の改善方策について」（いわゆる「チーム学校」）では，①専門性に基づくチーム体制の構築，②学校のマネジメント機能の強化，③教員一人一人が力を発揮できる環境の整備，の 3 つの視点をもとに，①教員が学習・

表 4.3　スクールソーシャルワーカーの定義・資格・職務内容

定　義	資　格	職務内容
スクールソーシャルワーカーは，社会福祉の専門的な知識，技術を活用し，問題を抱えた児童生徒を取り巻く環境に働きかけ，家庭，学校，地域の関係機関をつなぎ，児童生徒の悩みや抱えている問題の解決に向けて支援する専門家	社会福祉士や精神保健福祉士等の社会福祉に関する資格を有する者のほか，教育と福祉の両面に関して，専門的な知識・技術を有するとともに，過去に教育や福祉の分野において活動経験の実績のある者	①問題を抱える児童生徒が置かれた環境への働きかけ ②関係機関とのネットワークの構築・連携・調整 ③学校内におけるチーム体制の構築・支援 ④保護者，教職員に対する支援・相談・情報提供 ⑤教職員への研修活動

出所：文部科学省「生徒指導提要」（2012）より一部抜粋

生徒指導に取り組めるような指導体制の充実，②スクールカウンセラーやスクールソーシャルワーカーの学校の職員への位置付け，③部活動指導員（仮称）の新設，④医療的ケアを行う看護師や特別支援教育コーディネーターなどの必要性といった提言がなされた。この答申を受けスクールカウンセラー・スクールソーシャルワーカーのガイドラインがつくられ，2017年1月には，「児童生徒の教育相談の充実について～学校の教育力を高める組織的な教育相談体制づくり～（報告）」として公表された。さらに，同年4月，スクールカウンセラーおよびスクールソーシャルワーカーは，下記の「学校教育法施行規則の一部を改正する省令（平成29年文部科学省令第24号）」）により，初めて法的に位置づけられることになった。

第65条の2　スクールカウンセラーは，小学校における児童の心理に関する支援に従事する

第65条の3　スクールソーシャルワーカーは，小学校における児童の福祉に関する支援に従事する

（中学校，高等学校，中等教育学校，特別支援学校にも準用）

（4）「子どもの貧困」への対応─教員とスクールソーシャルワーカーの役割

　近年の「子どもの貧困」に対する社会的関心から，2013年には「子どもの貧困対策の推進に関する法律」が施行され，翌2014年には「子どもの貧困対策に関する大綱」（以下，大綱）が閣議決定された。大綱では，基本方針のうちの1つに「教育の支援」を据え，「学校を子どもの貧困対策のプラットフォームと位置づけて総合的な対策を推進するとともに教育費負担の軽減を図る」ことが明記されている。「学校をプラットフォームに」という考え方は，学校のアドバンテージ（利点）に着目したものであり（図4.2），学校の機能を生かして，早期からの支援へ結びつけることを意図している。

　具体的に大綱では，学校が主に進めることとして，①学校教育による学力保障，②学校を窓口とした福祉関連機関等との連携，③地域による学習支援，④

高等学校等における就学継続のための支援といった項目を掲げ，教育相談体制を構築する際「子どもの貧困」への対応検討は，必要不可欠なものとなっている。大綱では①～④以外にも，幼児教育の無償化の推進や就学支援の充実，特別支援教育に関する支援の充実，高等教育の機会を保障するような奨学金制度の充実，生活困窮世帯等への学習支援などについて言及しているが，いずれも，

　学校が，他の機関や社会的リソースと比べてアドバンテージ（利点）がある点は，

①学校が，全国に約5万校（幼稚園・小学校・中学校・高等学校・特殊学校）存在しており，その他の児童福祉施設，保健・医療機関又は警察関係機関等と比べても，その量的規模が圧倒的に大きいこと

②学校には，免許を持ち，然るべきトレーニング（養成及び研修）を経た教員（全国約百十万人（幼稚園・小学校・中学校・高等学校・特殊学校））がおり，その他の児童福祉施設，保健・医療機関又は警察関係機関等における関係職員数と比べても，その人的規模が圧倒的に大きいこと

③学校は，子どもがその一日の大部分を過ごす場所であり，教職員は日常的に子ども達と長時間接していることで，子ども達の変化に気づきやすい立場にいること

④学校の教員は，1人で対応する必要はなく，養護教諭，生徒指導主事，学年主任，教頭，校長，スクールカウンセラー等の異なる知識・経験・能力を持った職員集団がいて，困ったことがあれば，複数で「チーム」となって課題解決に当たることができること

⑤『子どもの教育を担っている』という大義名分があるため，教育という観点から，家庭や保護者に対して働きかけをする事ができること，などがある。

図4.2　学校のアドバンテージ

出所：文部科学省「学校における児童虐待防止に向けた取組について（報告書）」学校等における児童虐待防止に向けた取組に関する調査会議（2006）より抜粋

「児童生徒の家庭環境等を踏まえた指導体制の充実」のため，「学校を窓口とし
て，貧困家庭の子供たち等を早期の段階で生活支援や福祉制度につなげてい
く」ことを可能にする体制構築および連携強化を示している。

4 スクールソーシャルワーク実践における基本的な知識―教員が知っておくべきこと

（1）スクールソーシャルワークの基盤となる視点と姿勢

スクールソーシャルワークでは，ソーシャルワークの理論をベースに，さま
ざまな考え方・視点を援用し，実際のケース対応を行う。以下に，代表的なも
のをあげる。

---

①エコロジカルな視点

　個人のもつ問題・課題を病理として捉えるのではなく，人から社会シ
ステム，さらには自然までも含む「環境との不適合状態」として捉える。
実際の対応としては，「個人が不適合状態に対処できるよう力量を高め
るように支援する」「環境が個人のニーズに応えることができるように
調整をする」という，「個人と環境の双方に働きかける」という特徴を
有する。

②ストレングス（強み）視点

　個人の欠点に着目するのではなく，「潜在的な能力（才能・技能・好
み・意欲等）」や環境（人間関係・社会資源等）から本人の強み，よい部
分，うまくいっていることなどを見いだし，かつ尊重する視点をもちな
がら支援にいかしていく考え方である。

③エンパワメント

　「人間尊重の理念」のもと，「問題解決は，児童・生徒，あるいは保護
者，学校関係者との協働によって図られる」と考える。スクールソー
シャルワーカーは，問題解決を代行する者ではなく，児童・生徒の可能
性を引き出し，自らの力によって解決できるような条件づくりに参加す

第4章　教員とスクールソーシャルワーク　131

るというスタンスをとる。

④ケースワークの原則（バイスティックの7原則）

　ソーシャルワーカーとしての対人援助では，バイスティック（Felix. P. Biestek）が示した7原則が支持されている（表4.4）。この原則は，スクールソーシャルワーカーだけでなく，教育相談にかかわる教員にとっても有効であると考えられる。

表4.4　バイスティックの7原則

①個別化	クライアントを，個人として捉える
②意図的な感情の表出	クライアントが気兼ねなく感情表現できるよう援助者が関わる
③統制された情緒的関与	援助者は，自分の感情を自覚・吟味し，適切に対処する
④受　容	クライアントのありのままの姿を受けとめる
⑤非審判的態度	クライアントを一方的に非難しない。援助者には，利用者の過ちや失敗を適切に理解することが求められる
⑥自己決定	クライアントの自己決定を促し，尊重する
⑦秘密保持	援助者が援助関係において知り得た利用者の情報について，秘密を守らなければならない（守秘義務）

出所：Biestek，1961

（2）スクールソーシャルワーカーの活動スタイル（配置形態）

　スクールソーシャルワーカーの勤務パターン（配置形態）としては，大きく①依頼派遣型，②巡回型，③拠点校配置型，④配置型，⑤その他（依頼派遣と巡回の併用や，依頼派遣と拠点校配置型の併用など）に分類されるが，自治体（都道府県・市町村）によってその運用は異なる。

（3）関係機関との連携

　スクールソーシャルワークを遂行するうえでかかわる機関はさまざまである。表4.5に，分野別に機関名（一部，人や機能を含む）をあげた。これら外部機関の機能を理解し，適切な連携を図ることが求められる。

表4.5　学校・スクールソーシャルワーカーが連携する主な関係機関・者の例

教　育	・小学校，中学校，高等学校，特別支援学校，中等高等学校 ・教育委員会，教育事務所，教育センター（教育相談所），適応指導教室 ・幼稚園，こども園 ・公民館，図書館　など
福　祉	・児童相談所，児童家庭支援センター，福祉事務所（家庭児童相談室含む） ・保育所，学童保育，児童館，民生・児童委員／主任児童委員 ・社会福祉協議会 ・障害者児者生活支援センター，発達障害者支援センター，障害児施設（各種），児童心理治療施設 ・児童養護施設，自立支援施設，母子生活支援施設 ・女性センター，配偶者暴力相談支援センター ・地域包括支援センター，高齢者施設（各種），子育て世代包括支援センターなど
警察・ 司法	・警察署 ・家庭裁判所，少年鑑別所，保護観察所，保護司 ・法テラス，弁護士（会）　など
保健・ 医療	・保健所，保健センター ・精神保健福祉センター ・各種医療機関（児童精神科など） ・（民間の）カウンセリングルーム　など
公共団 体	・市町村行政（要保護児童対策地域協議会など），福祉部局 ・青少年補導センター　など
労　働	・ハローワーク，マザーズハローワーク　など
その他	・NPO団体（各種），フリースクール，子ども食堂，フードバンク ・地域若者サポートステーション，ひきこもり支援センター ・青少年育成団体（各種） ・町内会，自治会，PTA ・企業，民間団体　など

5　事例編

　ここからは，スクールソーシャルワーカーがどのように，学校（教員），関係機関との関係を築きながら，子どもの最善の利益を図るのかをみていくことにしたい。とくに「ケース会議」に焦点を当てる。校内外でのケース会議は，支援者どうしが出会う場でもあり，「支援の広がり（ネットワーキング）」の形

第4章　教員とスクールソーシャルワーク　　133

成を図る，大切な場であるためである。なお，以下の模擬事例は，筆者の臨床
経験に基づいて執筆した架空のものである。

〈ケース概要〉

　　母親・Aさん（中2女子）・異父弟（幼稚園年少）の3人家族。母親前夫との
間に高2男子（Aさん兄）がいるが，他自治体で母方祖母らと暮らしている。
Aさんと兄との交流あり（兄とAさんは前夫との子ども）。また，AさんとA
さん兄は，前夫（Aさんと兄の父親）の祖父母のところに遊びにいくなどの交
流もある。

　　Aさん：小6・異父弟1歳時に継父（異父）が病死。母親はスーパーで働い
ていたが，ひとり親になったことで遅刻や欠勤等が増え，仕事を辞めるに至る。
借金等があり，経済状態はよくない。アパートのカーテンを閉め切り，異父弟
は寒い時期でもおむつ一枚の状態で部屋にいる（部屋はごみ・異臭あり）。異父
弟への育児放棄（ネグレクト）事例として児童相談所も関与していたが，一時
保護には至らず在宅支援ケースとの判断になったため，見守り（モニタリング）
対応が主となっていた。

　　Aさんの中学校進学に際し，小学校から訪問依頼を受けたSSWは，中学校へ
の申し送りを契機に，関係者が集まり情報共有することを提案。小学校長の承
諾を得て，学校が関係機関を招集する形をとった（招集者：小学校側－校長・
教頭・養護教諭・担任・生徒指導主事，中学校側－養護教諭・スクールカウン
セラー，関係機関－市保健師（地区担当），地区民生委員，教育事務所スクール
ソーシャルワーカー）

　　本児中学校入学後，遅刻や欠席の際には中学校は母親と連絡を取るなど対応
してきたが，「体の調子が悪い」という理由から，応じてもらえないことが増え
た。本児の欠席や異父弟の保育園欠席も顕著になったことから，中学校より改
めてスクールソーシャルワーカーへ支援要請が入った。

※ジェノグラムとは…ソーシャルワークでは，家族の状況（関係性）を示すために，ジェノグラム
（Genogram）を用いる。ジェノグラムは，家系図を2～3世代まで記載し，家族の関係（誕生の順位
や家族内での婚姻や生死など）を視覚化するものである。

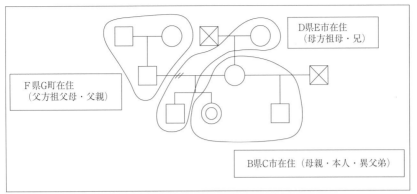

図4.3　Aさん家族のジェノグラム
注：実際のジェノグラムには年齢や結婚・離婚などの情報を記載するが，本事例では省略

〈支援経過〉課題の整理と支援方針の検討
　Aさんの欠席増加は，母親が夜間に働くようになり，Aさんに異父弟の世話を任せ，たびたび家を空けるようになったことが主な要因であることがわかってきた。そこで，スクールソーシャルワーカーは，これまで異父弟のみへのネグレクト事例として捉えていた関係機関（児童相談所・市こども福祉課）へAさんの様子も伝え，家族全体を捉えるべくケース会議の継続開催を関係者へ提案した。それと同時に，本ケース以外の不登校生徒への対応も検討していた中学校から，本ケースも含む校内研修を依頼されたことをきっかけに，定期的な研修の場として，グループワーク形式での模擬ケース会議（教員同士小グループでの事例検討会）を開き，それぞれの規模から「関係機関が集まるケース会議：[大]」「不登校対応を検討する校内研修会：[中]」「日々対応する担当者で集まるケース会議：[小]」のという大中小の三層からなる体制をとることになった（表4.6参照）。

※ケース会議とは…ケース会議は，「事例検討会」や「ケースカンファレンス」ともいわれ，解決すべき問題や課題のある事例（事象）を個別に深く検討することによって，その状況の理解を深め対応策を考える方法。ケース会議の場では，対象となる児童・生徒のアセスメント（見立て）やプランニング（手立て：ケースに応じた目標と計画を立てること）が行われる。事例の状況報告だけでは効果のあるものにはならないことに留意が必要である（出所：文部科学省「生徒指導提要」p.109）。

［大］関係機関が集まるケース会議（要保護児童対策地域協議会：個別ケース検討会）

第4章　教員とスクールソーシャルワーク　　135

〈参加者と実施状況〉

　児童相談所（児童福祉司）・市こども福祉課（支援担当職員，家庭児童相談員）・保健センター（地区担当・母子保健担当保健師など）中学校（担任・養護教諭など）・異父妹の通う保育園（担任・園長）・スクールソーシャルワーカーが主なメンバーとなり，定期的に実施。

〈支援内容と役割分担〉

・ネグレクト案件としての介入（児童相談所や市担当者による家庭訪問）
・要保護児童対策地域協議会でのケース管理
・母親の経済面の相談，就労，住居環境を整える環境調整（市担当者による母親面接など）
・異父妹への検診や登園について，母との相談（市保健師や保育所スタッフ）
・寄り添いやニーズ確認を目的とした本児面接（スクールソーシャルワーカー）
・Ａさんの自尊心を高めるような個別の配慮や声掛け（担任・養護教諭など）

※要保護児童対策地域協議会とは…2004 年の改正児童福祉法（以下，児福法）により，市町村が児童家庭相談の一義的窓口と位置づけられ（児福法第 10 条），その対応機関として，要保護児童対策地域協議会（要対協）が法定化された（児福法第 25 条の 2）。要保護児童対策地域協議会は，要保護児童等の適切な保護・支援を図るために必要な情報の交換を行うとともに，要保護児童等に対する支援の内容に関する協議をする会議体である。また，情報の交換および協議を行うため必要があると認めるときは，関係機関などに対し，資料または情報の提供，意見の開陳のそのほか必要な協力を求めることができる（児福法第 25 条の 3）。

[中] 不登校対応を検討する校内研修会

〈参加者と内容〉

　全教職員（スクールカウンセラーも含む），教育事務所指導主事・スクールソーシャルワーカーが参加し，校内の生徒指導に関する研修会（校内生徒指導協議会）を実施。不登校対応を取り上げ，校内のケースについて，教育事務所指導主事と SSW が助言者として加わり，グループワーク方式で，具体的に検討した。研修では，アセスメントシートの書き方，活用方法，不登校生徒への対応等のレクチャーも取り入れ，すぐに行動に移せるような支援方法を話し合うようにしている。研修会は 1 度だけにせず，年に 3 回ほど開き，継続的に経過を確認できるようにするなどの工夫を行う。

[小] 担当者で集まるケース会議

〈参加者と内容〉

　検討内容によってメンバーが変わる。学校が主となり，「検討が必要となった

とき＝支援者が困ったら」集まる方法をとる（時期やメンバーについて，随時SSW と学校とで相談）。

表 4.6　本ケースで設定したケース会議の種類と主なメンバー

規模	形　態	関係者（参加者）	内　容
［大］	要保護児童対策地域協議会における個別ケース検討会として実施	会議で検討する内容によって，メンバーを決定する	ネグレクト案件として扱いながら，本人だけでなく，母親や異父弟への支援も包括的に検討する
［中］	長期欠席（不登校）対応を検討する校内研修会として実施	校内の全教員（研修の規模により異なる場合あり）	校内の研修会（現職教育等）を活用し，不登校の背景理解や実際の対応について学ぶ機会とする
［小］	担当者で集まるケース会議として実施	実際にケースのかかわっている教員や関係者	日常的なケース対応（情報共有含む）について話し合う

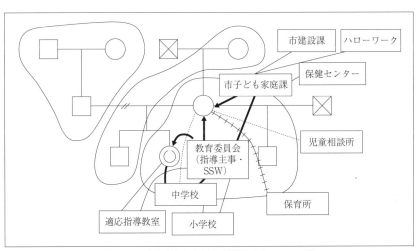

図 4.4　A さん家族をとりまく関係図（エコマップ）

注：エコマップは，援助を受ける本人，家族，社会資源の関係性を図式化したもので，1975年にアン・ハートマン（Ann Hartman）が考案した。図 4.4 は，A さんの事例に学校と他機関を示し，その関係性を表したものである。エコマップの基本表記は，「→働きかけ」「━強い関係」「─通常の関係」「……弱い関係」「+++ストレスのある関係」である。

表 4.7　Ａさん家族を支援するための関係機関の例

領　域	関係者や制度	関係機関
教　育	教員（管理職，担任，養護教諭，特別支援コーディネーター等） スクールカウンセラー スクールソーシャルワーカー 就学援助制度	Ａさんの在籍していた小学校 Ａさんが進学した中学校 適応指導教室 教育委員会，教育事務所　等
福　祉	市担当窓口（生活困窮者自立支援法に基づく相談等） 市保健師 社会福祉協議会コミュニティソーシャルワーカー 生活支援員 民生・児童委員・主任児童委員 児童相談所ケースワーカー 母子寡婦相談員 児童扶養手当・児童手当 生活保護制度	Ａさん異父弟在籍の保育園 児童相談所 市役所（子ども家庭課，障害福祉課等＊） 要保護児童対策地域協議会 放課後デイサービスセンター 社会福祉協議会 女性センター
保健・医療	保健師 精神保健福祉士 児童相談所（臨床心理士，社会福祉士等） 医師，医療ソーシャルワーカー	保健センター 精神保健福祉センター 児童相談，養育相談 発達障害者支援センター 病院
就　労	生活保護制度 職業訓練	社会福祉事務所，ハローワーク
司　法	弁護士	弁護士事務所 日本司法支援センター（法テラス）
住まい	市担当窓口	市役所（住宅管理課＊）

＊行政によって，名称は異なる

〈その後の状況〉
　［大］［中］［小］三層構造からなる支援体制をそれぞれ継続しながら，［小］のケース会議において，市営住宅の斡旋や法テラスへの相談（弁護士相談）が検討された。当初，接見困難だった母親も，市の担当者へ相談するようになり，市営住宅へ移った。生活環境は以前に比べ改善され，Ａさんも徐々に登校できるようになった。母親の就労についても，SSW がハローワークへ同行するなど

138

の対応がなされた。

　本ケースは，適応指導教室との直接的な関与・連携も考えられたが，母親による適応指導教室への送迎の問題や，本人の友人関係が比較的良好だったことを考慮して，学校のなかに本人の居場所をつくる（保健室や別室）方針がとられた。Aさん本人については進学の問題，異父弟は発達の遅れが心配されたため，就学相談へのつなぎ（長期的な展望）も必要となった。

　さらに，中学校が学校全体でほかの不登校ケースの対応を検討する研修会を開くなど，不登校対策に積極的に取り組んだことで，学校や市教委，適応指導教室間での連携が進み，結果的に学校は早期からの支援を考えるようになった。

　長期欠席（不登校）の事例の多くが複合的な要因をかかえており，個別のケース対応のみではむずかしいことから，関係機関との連携は欠かせない。教員・スクールカウンセラー・スクールソーシャルワーカーを中心に，学校の教育相談体制が核（コーディネーション機能）になり，状況に応じたケース会議を適宜実施し，支援者どうしが共通の認識をもつこと，つまり，根拠や目的を明確にした役割分担・行動，分析評価を関係者どうしが行っていくことが重要となる。

6　児童福祉法改正と児童の権利に関する条約（子どもの権利条約）

　2016年6月公布の改正児童福祉法において，「児童の福祉を保障するための原理の明確化」が掲げられ，児童福祉法の理念規定が1947年の制定時から初めて見直された。これにより，児童が権利の主体であること，児童の最善の利益が優先されることなどが明確に示されることになった。これは，児童を権利主体とする「児童の権利に関する条約（子どもの権利条約）」を日本が1994年に批准して以来22年を経て，ようやく国内法に明文化されたことを意味する。制度上，児童が「保護される客体」から「権利の主体」へと転換されたのである。ちなみに，児童の権利に関する条約では，①生きる権利，②育つ権利，③守られる権利，④参加する権利を4つの柱として定めている。

　学校・家庭・地域と連携しながら子ども・保護者を支援するスクールソーシャルワークは，この4つの柱を念頭に，権利の主体である子どもの未来に思

第4章　教員とスクールソーシャルワーク　　139

いをはせ，子どもの暮らしに寄り添い支援していくことでもある。それは，教員とスクールソーシャルワーカーをはじめとして，子ども・保護者にかかわる者すべての，地道な協働があって初めて成し遂げられることでもあるのだ。

深い学びのための課題

1. スクールソーシャルワーカーが大切にしている考え方や視点とは，どのようなものだろうか。
2. 事例を読んで，「支援の広がり（ネットワーキング）」はどのように形成されていったのか，またそれは，誰の，どんな行動であったかを考えてみよう。

引用・参考文献

小川利夫（1985）『教育福祉の基本理論』勁草書房

門田光司・奥村賢一（2009）『スクールソーシャルワーカーのしごと』中央法規

古橋啓介・門田光司・岩崎宋哉編（2004）『子どもの発達臨床と学校ソーシャルワーク』ミネルヴァ書房

門田光司・鈴木庸裕編『ハンドブック学校ソーシャルワーク演習―実践のための手引き』ミネルヴァ書房

酒井朗（2014）『教育臨床社会学の可能性』勁草書房

鈴木庸裕・佐々木千里・髙良麻子編（2014）『教師のためのワークブック―子どもが笑顔になるスクールソーシャルワーク』かもがわ出版

鈴木庸裕編（2015）『スクールソーシャルワーカーの学校理解』ミネルヴァ書房

鈴木庸裕編（2018）『学校福祉とは何か』ミネルヴァ書房

田中治彦（2015）『ユースワーク・青少年教育の歴史』東洋館出版社

玉井邦夫（2007，2013）『学校現場で役立つ子ども虐待対応の手引き』明石書店

辻浩（2017）『現代教育福祉論―子ども・若者の自立支援の地域づくり』ミネルヴァ書房

中野光・小笠毅編著（1996）『ハンドブック子どもの権利条約』岩波書店

日本学校ソーシャルワーク学会（2008）『スクールソーシャルワーカー養成テキスト』中央法規

村田翼夫・上田学・岩槻知也編著（2016）『日本の教育をどうデザインするか』東信堂

文部科学省（2012）『生徒指導提要』

山下英三郎著／日本スクールソーシャルワーク協会編（2003）『スクールソーシャルワーク―学校における新たな子ども支援システム』学苑社

山野則子・峰元耕治編著（2007）『スクールソーシャルワークの可能性―学校と福祉の協働・大阪からの発信』ミネルヴァ書房

Paula Allen-Meares Robert O. Washington BettyL. Welsh（2000）*Social Work Services in Schools Third Edition*（山下英三郎監訳・日本スクールソーシャルワーク協会編（2001）『学校におけるソーシャルワークサービス』学苑社）

Dean H.Hepworth Ronald H.Rooney Glenda Dewberry Roonery Kim Strom-Gottfried Jo Ann Lersen（2010, 2006）*Direct Social Work Practice*（武田信子監修／北島英治・澁谷昌史・平野直己・藤林恵子・山野則子監訳（2015）明石書店）

第 5 章

学校と地域—コミュニティという視点から—

1 コミュニティという視点をもつ

（1）コミュニティとは

　これまで自分がどんな人々とのかかわりのなかで成長してきたかを振り返ってみてほしい。あなたの周りには，何人もの大人や仲間がいたことだろう。これらの人たちとはどこで，どんな形で出会い，自分の学びと育ちにどんな影響を与えただろうか。そして，その人たちとはどんな形で別れただろうか，それとも今もどのようなかかわりを保っているだろうか。

　こうしたいろいろな出会いや別れといったかかわりの舞台になるのが，「コミュニティ」である。私たちはコミュニティのなかで，人生を学び，成長しているのである。その意味で，学校や家庭は，それぞれの特徴と機能をもったコミュニティであり，今回中心に取り上げる "地域" も，これら 2 つのコミュニティを包み込む形で存在するコミュニティであり，子どもの学びと育ちを支えるというミッションをもつ教育相談にとって重要なコミュニティなのである。

　これまでの章では，教師，スクールカウンセラー，スクールソーシャルワーカーなどといった特定の役割をもつ学校のスタッフが，子どもの学びと育ちの促進に向けて，どのような仕事と役割を果たしているのかということを主に取り上げてきた。それぞれの章で学んできたことをふまえて，本章では，子どもを真ん中において，その子どもが生活のなかで出会ったり，その生活を支えたりしている人々のネットワークの場である「コミュニティ」という視点から，子どもの学びと育ちを支える営みである教育相談を捉え直してみたい。

（2）コミュニティという視点からの理解とアプローチ

　一人ひとりの子どもを取り囲むこうしたコミュニティのなかにいる人々や機関の間や，複数のコミュニティの間には，有機的な結びつき，特徴的で個性的なネットワークが形成されている。当然のことながらそのネットワークは，その子どもにとって，学びと育ちを支え促す形で調和していることが望ましいが，ときに不調和であったり，葛藤的・対立的であったり，子どもにとって有害なことも生じたりする。したがって，このようなコミュニティの視点は，次のような理解のあり方を提供する。

　まず，今生じている子どもの振る舞いをコミュニティという文脈のなかで捉えようとするあり方である。学校のなかで行動の善し悪しを判断する視点とは別に，子どもが生活する環境を広く見わたして，その行動の含意を検討するのである。

　つぎに，子どもを取り囲むネットワークや，その子どもにかかわるコミュニティの特徴やそれぞれのメンバーの役割や機能を理解し，それぞれのコミュニティの間に生じる葛藤について理解しようとするというあり方である。こうしたあり方は，子どもの示す問題をその子どもの内面や生物学的な特徴として理解することから，その子どもをとりまくコミュニティ内の関係性の問題として捉える視点を提供することになる。

　さらに，この理解のあり方に基づくと，子どもと同じ学校というコミュニティに関与している教師・スタッフとして，学校内のメンバーだけでなく，ほかのコミュニティと結びつきをもち，相互理解に努め，有機的で発達促進的な関係を創出するために，日頃から何ができるかを検討することが大切であることがみえてくる。さらに，危機的な場面では，子どもへの直接支援のみならず，学校内，あるいはほかのコミュニティとの関係調整を行うことも，支援の発想のなかに入ってくることになるのである。

（3）コミュニティという視点をもって子どもをみる

　コミュニティという視点をもつことで，学校を生きている子どもについてど

んなことがみえてくるのだろうか。次のような仮想事例で検討してみよう。

第1次産業の衰退による人口の流出と財政的な困窮の悪循環から小・中学校が1校ずつとなった町で，中卒生の約半数が通う唯一の公立高校がある。校内の生徒たちの雰囲気は和やかで，欠席する生徒も少なく，部活などの課外活動にも熱心に取り組む。学級内での対立はほとんど生じず，むしろそうした場面にならないように生活しているようである。

学校コミュニティのなかだけでみれば，この高校の生徒たちは「明るく，健気な子どもたち」ということになる。しかし，地域コミュニティまで視野を広げるならば，かれらの「和やかさ」や「欠席しないこと」「対立が生じないように暮らしていること」などといった生徒指導上 "問題のない行動" の背後には，学校以外に仲間と交流する場所のないことや，学校コミュニティからのドロップアウトが地域での孤立に直接につながることなどの要因もみえてくる。町外の高校に進学したいと思いながらも経済的な事情で断念した気持ちをかかえる生徒や，家族を支えるために自分の将来の可能性を制限している生徒もいるかもしれないが，そうした自分の心のなかにある不安にふれたり，向き合ったりすることとは距離をとる生徒の姿が浮かび上がってくるかもしれない。

この仮想事例が示すように，学校のなかでの振る舞いを，学校コミュニティのなかだけではなく，地域や家庭というコミュニティの文脈でもみてみることで異なる理解（仮説）が得られる。近年，家庭や地域社会の課題が学校のなかでもち込まれることをむしろ積極的に受け止め，貧困，ネグレクトなど，地域社会の課題をかかえた子どもを早期に発見し，支援するためのプラットフォームとして，学校を位置づける取り組みがなされるようになっている（チーム学校）のは，このコミュニティという視点からのアイデアと考えられる。

（4）子どもの学びと育ちを支える資源（リソース）を知る

コミュニティの視点は，その子どもの周りに学びと育ちを支えてくれる人々や機関がどこに，どんな形で存在するかに目を向けることに貢献する。この「学びや育ちを支えてくれる人々や機関」を資源（リソース）と呼ぶ。

第5章　学校と地域　143

子どもを支援する側に立てば，子どもを取り囲む形で家庭・学校・地域で子どもの学びと育ちを支える資源を発見・発掘する必要がある。たとえば，石隈・田村（2003）のチェックシートはその参考になる（図5.1）。

コミュニティという視点のイメージを大きくつかんだところで，以下の節では，学校と地域それぞれのコミュニティのな

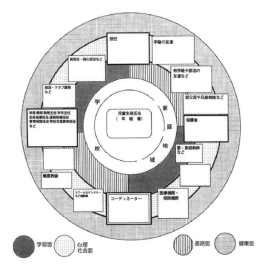

図 5.1　田村・石隈式　援助資源チェックシート（1997～2003）

かで，子どもの教育相談にかかわる支援者として機能していくために念頭に入れておきたい事柄を概説することとしたい。

2　学校コミュニティ―その力動と葛藤

学校というコミュニティは，一定の法制度のうえに立って公的教育を担う組織であるという側面と，じつに個性的で能力をもった教職員という人々からなる専門職集団によって運営されるという側面をもつ。この公的な側面での役割と，それぞれの個性や能力とが相まって，子どもの学びと育ちを支える組織が構成されているのである。まずは公的組織としての側面を教育相談の文脈から概観し，教師集団のダイナミクスのなかで教師が誰しも体験する当たり前の葛藤をどういう形で集団と個人の成長に結びつけていくのかを考えてみたい。

（1）組織としての学校：ヨコの交流の重要性

学校組織は管理職である校長と教頭以外の教職員が横並びとなっている「な

べた組織」と呼ばれることがある。この組織の形は，次のような2つの課題
をもっている。

　第一に，校長のリーダーシップのあり方とそれを支える教頭の調整力，管理
職と教職員の関係のあり方である。「校長が変われば学校が変わる」といわれ
ることがあるが，近年，その校長の権限が強化される傾向にあり，ますます，
校長のリーダーシップのあり方とそれを支える教頭の調整力，管理職と教職員
の関係そのあり方がというものが学校の雰囲気を左右することになりやすく
なっている。

　第二に，教師間の「ヨコの交流」の充実度である。横並びの教員関係は，そ
れぞれの教師が責任をもって均等に業務を分担していくうえではよいが，教師
の間の「ヨコの交流」がしっかりしていないと情報の伝達や共有，組織的な対
応における足並みの乱れなどが生じやすい。そこで，こうした課題を解決する
ために，職員会議をはじめ，各種委員会や校内研修会，学年部会，教科部会な
どの教師集団を横断する形での運営組織が設置されている。また，近年では校
長や教頭と教職員の間に，主幹や主任という肩書きで中間的な指導層を設定す
るなど，なべぶた組織の変革に向けた取り組みもなされている。しかし，この
教師間の「ヨコの交流」がどのくらい充実したものであるかは，その学校の力
を測る1つの要素となっている。

　学校の教育相談においても，「ヨコの交流」は生命線といえる。たとえば，
自分の授業をほかの教師にみてもらいその指導方法について助言を受けたり，
学級の雰囲気について指摘を受けたりすることがしやすい環境や，子どもの理
解やかかわりについてほかの教師と日常会話として話し合う関係性が，教師個
人ならびに組織としての教育相談機能の充実にとってどれほど大切であるかに
ついて多くの説明はいらないだろう。さらに，教師側が充実したヨコの関係を
示すことが，子ども間のヨコの関係のモデルとなる面がある。隣の教室や職員
室で肩を並べて働いている同僚を悪くいう教師の姿をみて，子どもたちがそん
な大人の関係のなかに将来入りたいとはそもそも思えないだろう。つまり，教
師たちのヨコの交流は，子どもの発達促進的な環境において重要なのである。

第5章　学校と地域　　145

（2）さまざまな水準の教育目標：オモテの目標がつくり出す影

　それぞれの学校は，さまざまな水準での目標を設定しているものである。学校のホームページにアクセスしてみたり，学校要覧や年度指導計画をみたりすれば，学校としての教育目標として，たとえば，「よく考える子」「進んで学ぶ人」「心身ともに健やかな子ども」「自主・自律」「思いやりと規範意識を育てる」など，抽象的な形で望ましいと考える児童・生徒像，あるいは人間像が掲載されているはずである。

　さらに学校が年度単位に掲げる取り組み目標がある。たとえば「挨拶の励行」「時間を守ること」「体力の向上」「話をしっかり聞く」などといった，年度のなかでの重点目標が掲げられているものである。学校によっては重点目標をさらに具体的な到達目標・努力目標として明らかにして，「学校評価での授業に対する生徒の満足度」「いじめアンケートの実施回数」「不登校の児童生徒数」などについて数値で目標を示しているところもある。

　高等学校や私立の学校のなかには，「コンクールや公式戦等での上位進出」「進学校や有名校の合格者を増やす」といった項目を具体的な数値をあげてまで掲げる学校もあるが，公立の小中学校のなかでは，これらの項目は学校要覧や年間指導計画などには示さない，実行すべき暗黙の目標としているところもある。

　今日，抽象度の高い学校としての教育目標を，実行しうる具体的な目標と結びつけて明示して，学校組織全体がその実現に向けて取り組むことが求められている。しかし，暗黙の目標を優先する学校においては，公にされている教育目標は形骸化されてしまうことがある。たとえば，有名校への進学者の増加や，部活動での上位進出といったウラの目標を追求するあまり，「思いやりや規範意識」「話に耳を傾ける」といったオモテの目標がないがしろにされ，その結果，教室や部活動でのいじめや問題行動が発見されても「子どもたちの将来のため」と称して曖昧な形での指導ですませてしまうことが生じやすい。

　また，反対に，オモテの目標を子どもたちに極端に求めることで，子どもたちの学びの機会を失わせてしまう例もある。たとえば「みんな仲良く」を教育

目標としている学校や学級において,「今は仲良くできない仲間がいたとしても,なんとか一緒に生きていく方法をみんなで工夫していく」ことを仲間関係のなかで経験しにくくさせてしまうのである。

このようにオモテの目標を立てることを通じて生じる影の部分であるウラの部分が,教育目標の形骸化や子どもの成長の機会の剥奪を生じさせたり,教師集団の動機づけの低下や空しさなどを引き起こさせたりする可能性をもつことに常に注意を払いたい。

（3）校務分掌：フラットで柔軟な協働体制

教職員は,学校の教育目標を達成するために,それぞれに校務を分担して日常の業務を進めていく。この内部組織を校務分掌と呼ぶ。多くの学校では,校務分掌組織図が作成されている。一例としてある中学校での校務分掌組織を掲げる（図5.2）。校務分掌は,年間の日程や式典などの計画に関する部署（総務,庶務),学習指導や教育内容に関する部署（教務,生徒会,特別活動など),児童・生徒の心身や進路に関する部署（生徒指導,進路指導,保健指導など),教職員の研修に関する部署（研修など),学校の事務や施設整備に関する部署（広報,事務,図書,情報システム,渉外など）などに分かれており,どのように組織するかは,学校種別やそれぞれの学校のおかれている状況に合わせて多様である。

最近では小学校でも学校内外での指導困難な事案への対応が求められていることから生徒指導部がおかれるところも出てきている。また,生徒指導上の課題の性質のちがいによって,生徒指導部のもとに教育相談係をおく学校と,教育相談部を独立して配置する学校もある。

学校は「なべぶた組織」であると前述したが,校務分掌のあり方をみても教職員間はフラットな組織体で動いていることがわかる。それぞれの専門とする教科や,担当する学級をもって子どもたちに教える仕事だけでなく,ほかの教職員と協力して教務を分担して活動するのである。複数の校務を担当するなかで,ある部署ではリーダーをつとめ,別の部署ではリーダーに従いつつ支援す

第5章　学校と地域　147

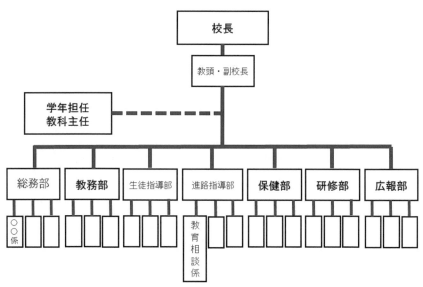

図5.2　中学校の校務分掌組織（例）

るフォロワーの役割をとるという柔軟さが教師には求められる。

　組織としての固定化が生じないように，年度ごとに教師が異なる校務を担当することが多い。これは，学校の教育計画全体を視野に入れて，子どもたちを指導することや学級経営を行うことをめざすからである。しかし，学校の事情や教師間の人間関係の力学によっては，1人の教員が特定の校務を固定した形で担当しつづけているケースもみうける。とりわけ，教育相談や生徒指導においては，"その道の先生""専門家"として同じ部署のリーダーを長く担当する教師も少なくない。こうしたケースでは，教育相談や生徒指導はその校務分掌の担当者が指揮し，実施する専門的な活動とみなされてしまうことによって，すべての教師が日常的にコミットしていくものとしての自発的で積極的な教育相談活動が自覚的にも無自覚的にも抑制されやすいことに注意が必要である。

（4）役割と葛藤

　「教師は五者であれ」といわれる。教師は専門分野の学問に通じる「学者」

であり，一芸に秀でた「芸者」であり，子どもたちの将来を見据えて応じる「易者」であり，個々の子どもに対して日常的にケアをする「医者」であり，そして，教師という役割を演じる「役者」であることが求められるというのである。このこと自体，教師は多面的な役割のなかを生きる職業であることを示している。それは教師という職業のおもしろさであると同時に，"しんどい"ところでもある。

　役割分担に従った役割演技が求められる教師には，必ず葛藤が生じるものである。その葛藤は，その生じる領域で大きく３つに分けられる。

　第一に，それぞれの役割をもった教師の間に生じる役割間葛藤である。たとえば，教育相談を担当する教師と生徒指導を担当する教師の間ではしばしば「教育相談はこの子どもを甘やかしすぎているのではないか？」「生徒指導は厳しく突き放してばかりで子どもの理解に立っていないのではないか？」という議論がなされることがある。また，同じ部署内でのリーダー役とフォロワー役の間に生じる意見の相違やすれちがいは，役割間葛藤と位置づけられる。

　第二に，役割とその役割を演じる自分との間に生じる内的な役割葛藤である。教師自身の自己概念や教師観などに照らして，求められる役割に矛盾を感じたり，役割を果たすことを自己否定的に捉えてしまうという場合である。

　第三に，役割や立場とは別の，性格や人生観，教師観のちがいなどに由来する対人間の葛藤である。たとえば，教師の仕事をどう理解するか，どのように葛藤そのものを解決するのかという方法にもその教師の個性のちがいが表れる。たとえば，１つひとつ突き詰めて対応したい教師もいれば，大雑把に把握すればあとは成るように成ると考える教師もいるなかで，しばしば「あの人とは相性が合わない」「考え方が根本的にちがう」などの対立が生じることがある。

　チーム学校など，多職種間での連携が求められる現在，役割を理解しあい，価値観などのちがいを認め合うことで，葛藤を越えて，子どもを中心において手をつなぐことができるのかが問われている。

第５章　学校と地域　　149

3 地域コミュニティ―学校教育相談の観点から

（1）地域コミュニティの変容と危機

いうまでもなく，子どもの教育と養育は単に学校だけ，家庭だけで行われるものではない。地域コミュニティが，子どもの学びと育ちの場として機能しないことには，子どもたちの成長はありえない。

学校や家庭の教育力や養育力の低下がしばしば指摘されることが多い。しかし，コミュニティという視点に立つならば，都市化と過疎化に伴う地域格差の問題，高齢化と少子化の急激な進行，インターネットの普及に伴う地縁・血縁とは異なる，直接触れ合うことを必要としないコミュニティの急速な拡大，価値観やライフスタイルの多様化などを背景に，地域を同じくする人と人とのつながりや支え合いが希薄になり，「地域の学校」「地域で子どもを育てる」という考え方は危機に瀕しているということができるだろう。

しかしながら逆説的ではあるが，こうした危機意識が，積極的に地域の子どもたちにかかわることや，地域の人たちの手で学校を支え，よりよくし，ともに子どもたちを育てていこうとする動きを引き起こし，地域コミュニティが学校に対して果たす役割を新たに問う活動が生まれてきている。いくつかの地域では，子どもを中心において，学校をそのネットワークの拠点として，地域全体を学びと育ちを支援する場として機能させようとする動きもある。

そこで本節では，地域コミュニティは，学校に対してどのような機能をもっているのかについて考えたい。次に学校と地域との連携について取り上げ，最後に地域コミュニティと学校コミュニティの連携による取り組みのいくつかを紹介することにする。

（2）地域コミュニティの機能①：学校をひらく

学校や教師には，基本的に「任されている役割については，独力で責任をもって取り組むべきもの」といった意識を前提に子どもにかかわろうとするところが今もなお存在する。このようなあり方は，「子どもをかかえ込む教師」「閉鎖的な学校経営」などとしばしば批判されてきたように，学校や教師の責

任感が，自らを孤立化させ，教育を困難にさせてきた例といえよう。

学校にとっての地域コミュニティの貢献の第一にあげたいのは，ときに孤立化し，閉鎖的になりやすい学校や教師をひらく役割である。この「学校をひらく」機能については，政府も 2000 年代より積極的に取り組んでいることから，その動向を以下に確認しておきたい。

学習指導要領（2017）の総則には，「学校がその目的を達成するため，学校や地域の実態等に応じ，教育活動の実施に必要な人的又は物的な体制を家庭や地域の人々の協力を得ながら整えるなど，家庭や地域社会との連携及び協働を深めること。また，高齢者や異年齢の子供など，地域における世代を越えた交流の機会を設けること」という文章がある。今日の学校は家庭や地域社会との連携や協働を深めるために，「どんな目的を達成するために地域に協力を求めるのか」ということを地域に公開し，理解を求めることが必要とされているのである。

学校が積極的に自分たちの教育活動を地域の人たちに開示して，地域住民の参加の場として学校が機能することを促す動きとしては，2000 年度に開始された学校評議員制度があげられる。学校評議員制度は，保護者や地域住民などの信頼に応え，家庭や地域と連携協力して一体となって子どもたちの健やかな成長を図っていく観点から，より一層地域に開かれた学校づくりを推進していく目的で，地域に在住する人たちが学校運営に参画する仕組みである。また，保護者および地域住民そのほかの関係者の理解を深めるとともに，これらの者との連携および協力の推進に資する目的で，学校の教育活動そのほかの学校運営の状況に関する情報を積極的に地域に向けて提供するという学校教育法の改正を受けて，2016 年には学校評価ガイドラインの改訂版が作成された（文科省 2016）。

もう一方で，2004 年 3 月に中央教育審議会（以下，中教審）答申の「今後の学校の管理運営の在り方」に基づき，地域住民や保護者の代表が委員となって，学校の運営の基本方針や教育活動の説明を受けて，学校運営や必要な支援を協議するコミュニティ・スクール（学校運営協議会制度）が，全国の各種学校で

導入されている。2015年の中教審答申「新しい時代の教育と地方創生の実現に向けた学校と地域の連携・協働の在り方と今後の推進方策について」をふまえて，教育委員会に対して学校運営協議会の設置を努力義務化するようになり，ひらかれた学校に向けての地域学校協働活動を一層活発化させるための体制整備を実施している。

（3）地域コミュニティの機能②：学校と家庭・機関をつなぐ機能

第二に期待される地域コミュニティの機能として，子どもの学びと育ちを支えるさまざまな地域資源や家庭と学校の間をつなぐ機能をあげたい。

学校と家庭，学校と医療というように，子どものことでつながろうとする2つの組織や機関・施設があるときに，つなぐ機能には2つの役割がある。まず，つながろうとする2つの組織の間の連絡調整を行う窓口の役割である。この役割を担う者はコーディネーターと呼ばれる。そしてもう1つの役割は，2つの組織，あるいはそれぞれのコーディネーターを橋渡しする役割である。この役割を担う者をインターフェイスと呼ぶことにする。

スクールカウンセラーやスクールソーシャルワーカーは，どちらかといえば，この橋渡し，インターフェイスの役割を果たすことを主な仕事としている。たとえば，スクールカウンセラーは，心理の視点から，つながりたい気持ちはあっても，いろいろな事情があってつながりがたい状況にある，担任教師と子ども，教師と保護者などの間に立って，両者の肩をもちながら双方の想いをときに通訳し，出会い直すタイミングと場所を設定することになる。スクールソーシャルワーカーは，福祉の視点から，制度と個人・学校・家庭の間に立って，その両者をマッチングさせる場とタイミングを設定するのが重要な仕事である。つまり，スクールカウンセラーもスクールソーシャルワーカーも，学校のソトとウチという異なるコミュニティのコーディネーターたちの間に立って，両者が出会うためのインターフェイスとなり，つながるための場づくりを行うのである。

そして，今日，学校とつながる地域コミュニティからのコーディネーターを

どう育てていくのかが課題となっている。たとえば，国は，学校に通う子ども
の保護者，PTA をはじめに，子どもにかかわる NPO などの諸団体や民間企
業といった諸機関・施設，そして地域住民の協力を得て，地域全体で子どもた
ちの学びと育ちを支える学校を核とした地域連携と協働を「地域学校協働活
動」と呼び，この活動を推進していくこととしている。

　先にもふれたコミュニティ・スクールとも関連して，2017 年 3 月に地方教
育行政の組織及び運営に関する法律と社会教育法の一部改正が行われ，2017
年 4 月に『地域学校協働活動の推進に向けたガイドライン』が策定された。こ
れにより地域と学校の連携協力体制を一層強めるための施策として，地域学校
協働活動推進員を配置する取り組みを推進していくこととなった。学校協働活
動推進員は，地域の側からのコーディネーターである。先に紹介したガイドラ
インから，その期待される役割と求められる資質，そしてその候補となりうる
人材をみてみると，地域のなかで子どもを支えるキーパーソンを積極的に任用
していこうとしていることがわかる。

　学校は教育だけではなく，多様な専門職の人々との，あるいは地域のさまざ
まな人との「つながり」のなかで，子どもたちを「みんなで育てる場」へと変
化しつつあるのである。

（4）地域コミュニティの機能③：学校でもなく，家庭でもない場所として
##　　　の機能

「不登校になったとき，家以外の空間がすべて"学校"になってしまったみ
たいだった」と，ある不登校の経験者が当時の体験を話してくれたことがある。
外に買い物に出かけても，同じ歳の子どもを見ても，近所の人と会っても，
"学校に行っているかどうか，どうして学校に行かないかを問われるように感
じて"しまったり，"不登校である自分を周囲がどう見ているか"が気になっ
たりして，だんだんと外出が億劫になる。放課後の時間帯になったり，週末や
夏休みなどの休校期間になったりすると不思議と心が少し軽くなる。不登校の
状態をすごしたことのある子どもたちはこんな気持ちをカウンセリングのなか

で語ってくれるものである。

せっかく学校に行っていないのだから，自由にのびのびと生活できればいいのであるが，不登校の状態になると「学校」が余計に印象づけられてしまうのである。このため，家から出ることがむずかしくなり，地域での社会生活が縮小してしまう悪循環にどう手当をするのかが，不登校の子どもたちへの支援の大切なポイントの1つといえる。

この不登校状態にある子どもに生じる悪循環と「家以外の空間がすべて“学校”になってしまった」という不登校の経験を学校コミュニティと地域コミュニティという観点からみれば，のびのびと生活している子どもの生活空間は「家」と「学校」と「学校でも家でもない」時間と空間からできているということを教えてくれる。「学校でも家でもない」時間と空間こそ，“地域コミュニティ”に属するものであり，この学校と家のどちらでもない中間的な場所が失われてしまうところに，不登校の苦しみが生じているとみることができるのである。

ところで，この「家でも学校でもない場所」としての地域の役割が，注目されて久しい。都市社会学ではこうした空間を「サード・プレイス」と呼ぶことがある。サード・プレイスとは，レイ・オルデンバーグが提唱した概念で，「家庭と仕事の領域を超えた個々人の，定期的で自発的でインフォーマルな，お楽しみの集いのために場を提供する，さまざまな公共の場所の総称」（オルデンバーグ　1989）を意味する。これは学校に通う子どもに引きつけてみるならば，家庭（第一の場：ファースト・プレイス）でも学校（第二の場：セカンド・プレイス）でもない第三のインフォーマルな人と人とのかかわりの場である。オルデンバーグがあげたサード・プレイスの特徴を子どもにとっての生活空間に合わせて読み替えてみるならば，次のようになるだろう。まず，勉強ができるとかできないとか，どんな家庭の子どもであるかなどといった学校や家庭の価値観を超え，ときに年齢や立場からも離れることができる“中立”な場所であること，つぎに義務ではなく気軽に行くことができる“敷居の低さ”と“行きたいときに行けること”，そこでは“遊びと雑談”で人と人とがつながり，

自分が求められていないというアウェー感覚に対して自分の場所という“ホーム感覚”があることなどである。フォーマルな関係を離れて，気軽な交流を通して人間関係を構築できるサード・プレイスとして機能する場所が地域にあることが，子どものメンタルヘルスにとって重要なのである。

　都市社会学的な視点でみれば，こうしたサード・プレイスとして，カフェや居酒屋，お母さんたちの井戸端会議などがあげられるが，子どもにとってのサード・プレイスはどんな時間や場所だろうか。たとえば，通学路，放課後の教室，いつも集まり遊ぶ公園のほかにもいろいろあがるのではないだろうか。

　不登校の支援アイデアとして，サード・プレイスの回復という観点をもつとするならば，再登校や学校復帰へと直線的に家庭と学校を結びつけた支援をすることは悪循環が起こりやすいことから，むしろ地域コミュニティのなかでその子どもがのびのびと遊ぶことができる時間と空間の回復を経由する発想が生まれてくる。たとえば，学校外の支援施設のなかには，不登校を楽観的に捉えて，子どもたちが地域コミュニティのなかで萎縮することなく，遊べるようになることを積極的に促す場を提供している場所が少なくない。これは決して学校教育と対立しているのではなく，学校や家庭の間を再び安心して行き来することができるための取り組みとみることもできるのである。担任教諭やスクールカウンセラーなどの学校の関係者が，タイミングをみてこうした学校外の支援施設を訪問し，普段の役割や肩書きから少し離れて子どもたちとともに時間を過ごしたり，支援施設をサード・プレイスとして保証してくれたりしたことが，子どもの地域コミュニティへの信頼の醸成とともに，学校へのネガティブな思い込みを修正する機会になった事例にしばしば出会う。

4　学校と地域が手をつなぐ実践

　実際のところ，学校と地域が手をつなぐところで，どんなことが起こるのだろうか。どんな学校が生まれるのだろうか。

　本章では，ある高校の実践を紹介したい。30 年以上にわたり地域と深く結びつきながら全国からくる生徒たちを受け入れてきたこの学校の教育実践は，

すでに書物やマスコミの報道などで取り上げられているので，自分たちでも調べてもらいたい。読者のみなさんはこの学校のチャレンジをどのように考えるだろうか。

（1）事例：北星学園余市高校の取り組み

　余市町は，札幌市から50キロ離れた，人口1万9000人の小さな町である。町の北側は海に面し，ほかの3方向はゆるやかな丘陵地となっており，ここで獲れる山海の幸を利用した食品加工業が発展し，ワインやウィスキーの醸造業で知られている。北星学園余市高校（以下，北星余市高）は，この町にある男女共学のキリスト教系の私立全日制普通科の高等学校である。1980年代から全国から高校中退者や不登校経験者など，さまざまな事情をかかえた若者たちを積極的に受け入れつづけて，地域も含めた人々のかかわりのなかで子どもの学びと育ちを支えていくというたいへんユニークな高校である。

　まず，この学校に入学すると，何もない田舎の風景とともに，バラエティあふれる生徒たちに戸惑うことになる。いわゆる「ヤンキー」まる出しのやんちゃな者もいれば，人前で話すことや目を合わせることさえできずに俯いている者，明らかに年齢が高い者，なんでこの子がこの学校にと思うほど"普通"な感じの者もいる。髪の毛の色も髪型も，言葉遣いも方言も，服装もまったく異なる生徒と出会うのである。しかし，この学校に通う生徒たちには，この片田舎にある北星余市高に通おうと決断するだけの理由をもっている点で共通している。その理由ももちろんさまざまではあるが，ほとんどの生徒に共通している理由があるとすれば，大人，とくに教師や学校，それに親や家族を信じられなくなってしまっていたり，地元に居場所を失ってしまっていたりするという点である。「何てところにきてしまったんだ」「自分はこの人たちとやっていけるのか」など，北星余市高入学直後から始まるこのとまどいに対して，若者たちは，高校に入学する以前の人生のなかで身につけてきたスキルを精一杯駆使して，なんとか対処をしようとする。つまり，強がってみたり，悪さをしたり，引きこもったり，その場から逃げ出そうとしたり，周囲を巻き込みしがみ

ついたり，周りを無視して自分の道を貫こうとしたりするのである。

北星余市高に通う決意をもって来てみたものの，結局ここでも同じことをしてしまい，自分は何も変わらないのではないか，自分に対する周囲の評価もこれでは変わりようがないと若者自身もその周囲の人々も途方に暮れてしまうことが少なくない。

こうした落胆や絶望を仲間たちで分かち合い，支え合う経験を通して，学校と地域のなかでなんとかしのぎ，乗り越えていくのが，北星余市高のやり方である。実際のところは，生徒たち，教師・学校，地域が三位一体に重なり合って，若者たちの学びと育ちを支えていくのであるが，ここではそれぞれのかかわりに分けて，みていくことにしたい。

（2）仲間の支え

北星余市高の生徒たちにこの学校に通う意味をたずねれば，多くの者たちは仲間がいることをあげる。しかし，「この学校には自分の仲間がいる」といえるようになるまでには，それなりのプロセスを通る必要がある。

北星余市高では，生徒は仲間集団のなかでこそ成長し，社会で生きていく力もこのなかから育つという教育観をもっており，「集団づくり」に焦点づけた形で学校の行事や地域への協力が計画され，動いている。

実際のところ，仲間づくり，集団づくりは，北星余市高に入学直前から始まっている。大半の生徒たちは親元を離れて，余市町のなかにある「寮下宿」と呼ばれる卒業生や町民が運営する下宿で共同生活をする。寮下宿での生徒たちとの1つ屋根の下の共同生活では，先輩の生徒たちが入学前から掃除や洗濯の仕方から始めて，慣れない生活を細々と親身になってサポートしてくれる。

1年生は5月には1泊の研修旅行があり，6月には強歩遠足ということで全校生徒が30〜70kmを歩き通す行事がある。その後も，弁論大会，クラス対抗のスポーツ大会，学校祭，そして卒業式と，息を抜く暇もないくらいに次々と，全校生徒が協力しあってチャレンジしなればならない行事が用意されている。また，放課後には部活動だけでなく，生徒たちから学校へ提案する企画に応じ

第5章　学校と地域　157

てさまざまな活動が自主的に行われる。たとえば，大画面スクリーンを使った
ゲーム大会や，調理室を使ったクッキング企画，体育館を使ってのスポーツ大
会，玄関ロビーでのミニライブ，グラウンドでの焼き芋づくり，缶コーヒーの
「利きコーヒー」大会などである。

　こうしたいわば「かかわり漬け」の状態は，これまで人とのかかわりを限定
してきたり，表面的な付き合いでやり過ごしてきたりした多くの新入生たちに
とって，想像以上に苦しいものである。この先のみえない苦しさのなかで勇気
を与えてくれるのも，結局のところ，同じ苦しみを乗り越えてきた上級生たち
の存在であり，同じ苦しみをかかえるクラスの仲間たちの存在なのである。こ
うして，学校や地域の大人たちが見守るなかで，「自分にはこの学校の仲間が
いる」といえるプロセスが進んでいくのである。

　興味深いのは，仲間ができることで学校への愛着，地域への愛着は進むが，
それは必ずしもかれらが教師の指導に従順になり学業に向かうようになること
を保証するものではないという点である。反対に仲間関係に夢中になり学業に
目が向かなくなったり，大人に対する反抗的な態度をさらに強めたり，これが
行き過ぎて問題行動という形で表出してしまったりすることさえある。しかし，
それを生徒一人ひとりの生活史にさかのぼって理解し，かれらの成長として受
け止めつつ，社会の一員として枠づけて行くのが，教師集団の発達促進的な役
割ということといえる。つぎに，教師の支えという側面に目を移すこととしよ
う。

（３）教師集団の支え

　生徒たちからは，「どんなことでも，タダじゃ終わらないのが，北星余市高
の先生たちだからな」という声を聞く。この学校では，１人の生徒に対してす
べての教師がかかわっていくスタイルをとる。このような教職員総出の教育は，
スタッフ同士互いの教育方針や指導のあり方に対して無関心では成立しえない。

　日常の勤務のなかでも，年に２回夏休みと冬休みに行われる２日間かけての
教師研修会のなかでも，教師集団が生徒へのかかわりを互いに確認しあい，徹

底的に議論を行う。生徒の集団づくりは，教師の集団づくりがあって初めて生まれてくるのである。

　生徒指導において，その生徒たちがそれぞれの課題や問題に目を向けさせる支援を行う指導的側面と，生徒一人ひとりの生活史に遡って理解し，かれらの行為の意味を理解し受容する保護的側面という，相補的な2つの側面をもって，教師たちは，さまざまな形で投げかけられる生徒たちからのチャレンジを受け止めていく。北星余市高でも，この2つの側面を学校と教師の「二面性」と呼び，組織においては指導的側面を「生活指導部」が，保護的側面を「担任」が担うこととなっている。さらに，生徒とかかわる教師一人ひとりのなかでも，この二面性を自覚しながらかかわることが強く求められる。

　指導的な側面に関していえば，問題行動に対する指導は非常に厳しく徹底している。生活にかかわる指導は生徒たちの居室にまで日常的に教師が出向いて行われることさえある。謹慎処分を受けた際は，遠方からの生徒も多いことから，条件付きで，近隣の農家や牧場を営む一般家庭の協力を得て反省期間を過ごす。この場所は，「謹慎の館」と呼ばれており，教師たちが入れ替わり立ち替わり「館」に向かい指導を実施する。

　教科指導も，生徒の能力を見据えたうえで厳格に行われる。生徒のなかには，追試と補習に追われる「地獄の春休み」を迎える者も少なくない。そこには当然教師たちが伴走しているのである。

　もう一方の側面である保護的側面を象徴的するのは，職員室の風景である。職員室は，教師が仕事をする場所であるのはもちろんであるが，生徒にとってのサロンとしても機能している。試験にかかわる期間を除いて，休み時間と放課後の職員室は生徒たちでいっぱいになる。ワークデスクの周りには，群がって教師と議論に興じる生徒たち。別の場所では，編入学生募集のチラシを封筒に詰める手伝いをしながら，終わったら何かおごってと甘える生徒たち。いくつも置かれているソファには寝そべっている生徒，本を読んだり，音楽を聞いたりしている生徒もいる。彼らにとって，この時間帯の職員室はサロンであり，前述の「サード・プレイス」として機能しているのである。

第5章　学校と地域　159

（4）地域の力

　北星余市高の教育のあり方を象徴するもう1つの風景は，学校を取り囲む壁や柵も門扉もない校舎の造りである。正門にあるのは，学校名を記した門柱のみ。誰でも自由に入れるし，生徒たちも学校から抜け出ることもできてしまう。この学校が地域との間に境を設けていないこと，そして，学校と地域の人と人とのかかわりのなかで生徒を守り育てる教育のあり方がそこに象徴されているようである。

　地域の力の代表は，寮下宿のおじさん，おばさんたちの教育力である。寮下宿は余市町のなかに20軒ほどあり，管理人であるおじさんやおばさんが家庭的な雰囲気で生徒たちの生活を支えてくれる。ときには親代わりになり，話し相手になってくれたり，生活習慣が整わない生徒を起こしてやったり，生徒たちの背中をそっと押してくれるありがたい存在である。

　2年生，3年生で開講される「総合講座」では，「ぶどうのお仕事」「ヨットとスノーボード」「社会福祉」「ゴスペル」「チョークアート」など，さまざまな専門家が講師として北星余市高の教育をサポートしている。

　学校内の空き教室は，「あおぞら教室」として地域の人たちに開放され，ハーブの講座などが開催されている。放課後にでもなれば，英会話教室にやってくる地域の小学生たちの楽しそうな声が聞こえてくるのもこの高校の特徴である。

（5）学校の価値を測るものさし

　不登校や中退者を受け入れる高校は，ときにレベルの低い学校と呼ばれ，底辺校，指導困難校といういい方をされることがある。敢えて行きたいとは思わないし，普通に偏差値や内申点で高校に進学した人たちからすれば，自分とは関係のない学校ということになるかもしれない。

　実際，この学校を訪れれば，生徒の服装も髪型も自由であり，化粧をしてくる生徒もいれば，ピアスをしている生徒もいる。授業が始まる前には，スマホをいじっていたり，机の上にお菓子や飲み物を広げていたりする様子もみられ

る。さらには，生徒たちは，教師を呼び捨てやニックネームで呼んでいる。これらの様子を教師は当たり前に引き受けている。こうした日常を目の当たりにすると，ここは自分が通っていた高校とは大きく異なる「別世界」と感じることだろう。

　しかしながら，少なくともこの学校に1年を通してかかわってみれば，そのような見てくれの異様さは，この学校の価値を測るものさしではないことがわかるし，この生徒たちの価値を測るものさしでもないことがわかる。

　では，北星余市高の価値を測るものさしはどんなものであろうか。そのことを考える一端の資料として，ある卒業生のメッセージの一部を紹介したい。

　いろんな個性を持った我の強い人達が集まった学校。／寮生活。人と人との距離はあまりに近い。／常に向き合うべきものがある生活。／それゆえに苦労することもたくさんあった。／でもそれ以上に自分で物事を考えて／大切な存在を見つけられるように／自分で動き出すことで自分と，自分の周りの人たちを変えられるということを学べるとおもう。／この学校で出逢った人達のおかげで／私は今の私でいられます。／強くありたいと思えます。／北星余市は万能ではありません／ただそこにいるだけで独りにならないわけではない。／何もかもから救われるわけでも，勝手に変わっていくわけでもない。／自分自身が状況を変えるために／自分で動き出すこと。／なにかを全力で楽しもうとすること／大変なことも楽しみに変えれる力／何気ない友達や家族の一言や行動，存在に／ありがとう，と言う気持ちを持つことの大切さ／こういったことを1つ1つ自分の力や周りの先輩や友達，寮母さん，先生方から気づかされるだろう／そこから自分が動いて初めて学び，なにかを得ることができる。／そんな学校です。

　北星余市高の実践を振り返るたびに，「苦にすることはないよ。だんだん変わるものだからな。それにみにくくいったってかまいはしない！　この子に望むことはただ一つ，それはひとりの人間らしい人間になってくれることだけ

だ」というジャン・クリストフの一節が思い出される。

5 一人の子どもを育てるには，1つの村が必要である

さまざまな学校の現場をコミュニティの視点でみていくと，これまで仲の良い者とだけしかかかわらず，それも表面的にのみかかわることで身を守ってきた，本来の意味で「人を知らない・人と出会っていない」子どもたちが目に飛び込んでくる。北星余市高の実践が教えてくれるのは，大勢の人たちとかかわり，触れることで子どもは学び育っていくことである。

こうした「人と出会う」側面での子どもたちの成長を支えることは，きれいごとではすまされない。授業が始まれば，生徒の特性に合わせる形で根気強く教科指導を行い，昼休みには，出入り口に立ち，門扉や柵の役割を果たす教師たちがいる。学校外で何かトラブルがあれば，学校に連絡を届け，生徒たちを見守る場となっている地域の人たちがいる。学校と地域というコミュニティが一体となることで，子どもたちは育つのである。

「一人の子どもを育てるには，1つの村が必要である（It takes a village to raise a child）」というアフリカの格言がある。子どもが安全な環境のなかでのびのびと成長し，経験するためには，この子どもにかかわり，見守るさまざまな人たちからなるコミュニティが必要である。

深い学びのための課題

1. 子ども時代に自分にとってのサード・プレイスとなった場所は地域内のどんなところにあっただろうか。学校のなかには存在しただろうか，振り返ってみよう。
2. あなたが，よい学校について考えるとき，その価値を測るものさしとはどんなものであるだろうか。学校種によってその価値はどのように異なるだろうか考えよう。

引用・参考文献

石隈利紀・田村節子（2003）『チーム援助入門―学校心理学・実践編』図書文化

オルデンバーグ，R./忠平美幸訳（2013）『サード・プレイス』みすず書房，59頁

中央教育審議会答申（2004）「今後の学校の管理運営の在り方」

――（2015）「新しい時代の教育と地方創生の実現に向けた学校と地域の連携・協働の在り方と今後の推進方策について」

北星学園余市高等学校ホームページ，http://www.hokusei-y-h.ed.jp（2018年5月5日最終確認）
文部科学省（2016）「学校評価ガイドライン」
——（2017）『小学校学習指導要領』12頁
——（2017）「地域学校協働活動の推進に向けたガイドライン」
ロラン，R.／片山敏彦訳（1964）「ジャン・クリストフ」『世界文学全集13：ロマン・ロラン—ジャン・クリストフ1』河出書房，14頁

第6章

学校ができる支援

1 教師による子どもとの教育相談

（1）教育相談という支援

　学校でできる，教師が担当する教育相談という支援はどのようなものなのだろうか。

①相談内容

　相談の内容には，以下のようなものがある。

ⅰ．学習のこと…授業が理解できない，ノートがとれない，音読ができない，テストの点数がいつも悪いといった悩みである。

ⅱ．人間関係のこと…学校生活における友だちや教師との関係について相談されることもある。人間関係のなかでもいじめに関しては，「いじめられている」という児童・生徒からの相談だけでなく，「いじめを目撃した」といった児童・生徒からの相談もある。また，教師との衝突や，教師の言動に傷つけられたといった悩みは同じ教員に相談しにくいものだが，少し距離のある教員には相談してくることもある。

ⅲ．気になる行動…遅刻ばかりする，授業中座っていられない，教室に入れず保健室にいる，こだわりが強く集団行動ができない，休み時間にずっと手洗いをしているなどといった学校生活で観察される気になる行動や発達の偏りからくる問題に関する相談もある。

ⅳ．進路や就職のこと…中学や高校になると進路や就職といった将来のことについての相談も少なくない。

ⅴ．家庭のこと…体にあざがあったり，ケガが絶えなかったり，連絡がないまま遅刻や欠席が続くといった，おそらく家庭で起こっているだろう問題，虐

164

待やマルトリートメント（不適切な養育）を疑うような児童・生徒の相談に
のる場合もある。

②相談の対象

相談に来るのは，悩みごとをかかえた当の児童や生徒当人だけではない。そ
うした子どもの周辺で，そのことを気にしていたり，そのことで困惑していた
りする友だちやクラスメイト，そして当該児童・生徒の保護者，ならびに周辺
児童・生徒の保護者も教育相談の対象となる。また，一対一の相談ではなく，
小グループ（3～6人ぐらい）を対象とした相談というものありうる。

③相談の方針

相談の方針としては，大きく分けて3種類ある。

ⅰ．予防的教育相談…1つ目は，問題そのものは実際にはまだ起こっていない
　が，将来的に起こりうる問題に対して，事前に予防的に介入するというもの
　である。たとえば，発達に課題のある児童・生徒や身体に障害のある児童・
　生徒が転校してきたときに，問題が起こりうる可能性を想定し，クラス全体
　に課題や障害に対する理解を深めたり，児童・生徒のストレスをためずに，
　適宜，ストレスを解放できるような関係づくりや環境づくりのヒントを提供
　したりするための予防的教育相談である。

ⅱ．早期介入的教育相談…2つ目は，早期発見・早期介入のための教育相談で
　ある。たとえば，クラスに孤立しはじめた児童・生徒がいる場合，「いじめ」
　とラベルを貼ることを急がず，クラス内のストレスを理解し，それを軽減す
　ることを目的とする教育相談を個別にあるいは小グループで行うということ
　がある。1日の長い時間を過ごす学校では，気になる行動に「おや？」と思
　うことで相談の場を設け，ゆっくりと耳を傾けていくことによって，結果的
　にすみやかに適切な支援につなげることが可能となる場合がある。

ⅲ．集団適応や集団復帰を見守る教育相談…3つ目は，前述したような問題が
　起こり，不適応状態に陥ることがあっても，その後，学校生活への復帰を助
　けたり，学校での適応力を回復し，多少の問題をかかえながらも集団生活を
　安心して送れる工夫を支えていったりという，寄り添いを中心とした教育相

談である。

これら3つの教育相談のあり方は、カプラン（Caplan, G.）の3つの予防概念と同じものである。

④教育相談の始まり方とプロセス

通常、悩みや相談ごとをかかえた児童や生徒、あるいはその保護者が、教員やスクールカウンセラーに相談に行くことから教育相談が始まる。これは、一般の心理相談も同様で、相談のある人が自ら相談に行くということから相談者のことを「来談者（クライエント）」と呼んでいる。しかし、地域のクリニックや相談者とは異なり、学校というところは、相談ごとのある児童・生徒が自ら自発的に相談に来ることよりも、そうした当該児童・生徒はなかなか来談せず、その周辺の友だちやクラスメイトが問題に気づいて相談にきたり、かれらが当該児童・生徒を連れて一緒に相談にきたり、教師自身が気になって呼び出したりということから教育相談が始まることも少なくない。こうした場合には、問題や悩みをもっている当該児童・生徒の相談動機や意欲は、当初はっきりとせず、むしろ、抵抗感や嫌悪感のほうが強いことが多い。一般の心理臨床の現場では、あまりないことだが、教育相談の現場では、相談ごとをもっている当人が相談意欲をたいしてもっていなくても、教育相談が開始される場合があるのである。

相談動機のなさは、どういうことからくるのだろうか。当該児童・生徒が問題に気づけていなかったり、なんとなく感じていてもうまくことばにできなかったり、相談するということに強い葛藤を抱いていたりするのかもしれない。こうした場合、当該児童・生徒が主体的に悩めたり、問題を自ら認識したりできるようなプロセスを焦らずじっくりと追いながら教育相談を始めていくことが必要になる。また、教育相談のプロセスのなかで、長期的に取り組まないとならないような問題や、専門的な知識やスキルが必要となるような問題が明らかになってきたら、すみやかに校外の適切な機関、たとえば教育相談機関、医療機関、福祉機関などを紹介し、切れ目のない支援につなげていくようにする。もちろん、紹介したからといって学校での教育相談が終わるわけではなく、紹

166

介はあくまでもプロセスの一部として，校内で継続してかかわりつづけ，紹介が適当であったかどうかについても検討していくことが必要となる。

⑤教育相談の目標

　教育相談では，医療機関のように障害や症状を明らかにして診断し，それを治療するということが目標となるのではなく，集団生活における適応を脅かしている気になる行動や，学習を困難にしている問題を具体的に見極め，それらの解決や改善を図り，学校生活での「生きにくさ」を減らしていくことが目標となる。そのために，気になる行動や問題の発現を左右する要因を個人内，および環境内に探り，個人だけでなく，クラス環境や学校環境の改善にも働きかけていく姿勢が求められる。ときには，障害や症状があっても，それらを補いながら生きていく工夫を一緒に考えたり，あるいは，問題解決がすぐには困難であっても，児童・生徒の自己理解を深めていくプロセスに伴走したりといったことも目標となる場合がある。前述したように，心理療法や心理相談のように，定期的に何年も継続して行うというようなものではないため，長期的目標として「自立して生きていく」「他者とともに生きていく」といったことを念頭におきながらも，実際には，1カ月から1学期，あるいは1学年の間に達成できるような短・中期的な目標を具体的に設けて行うことになる。

　目標を具体的にしていく過程で，児童・生徒，あるいは保護者と教師の間で考えていることが一致しないということが起こりうる。たとえば，範囲の決まった漢字の小テストでいつも悪い点数をとる児童がいたとしよう。このままだと学習全体に遅れが生じるし，ほかの児童からもからかわれ始めていることを危惧した担任が，児童と保護者を呼んで，「ドリルに目を通して一回は書いて勉強する」という目標を確認しようと相談の場をつくった。ところが，児童は「勉強がきらい」「みたけど忘れちゃうからもういい」というし，保護者も「勉強嫌いは親譲り」「悪い点でも学校が楽しくなるように，勉強できない子をからかわないクラスにしてほしい」というばかり。「勉強する」を「前日だけでも勉強する」と目標を少し低くして担任が提案しても，目標の共有ができない。このような場合，どうしたらいいだろうか。一般に，子どもが社会に出て

第6章　学校ができる支援　　167

からの姿を思い描いて，どうあってほしいかについて一緒に考える時間をつく
ろうとすると，「自立して生きていく」「他者とともに生きていく」というよう
な点では子どもとも保護者とも一致することができる。こうしたことは人生に
おける「長期的目標」といえる。たとえ，目の前の短期的な目標については一
致しないことがあっても，こうした人生における長期的目標について共有でき
ることがあるため，短期的目標がうまく共有できなくても，いったん，長期的
目標を確認し，その一致を認識したうえで，それを達成するために，今，今学
期，この学年において，どのようなプロセスをたどることが必要だろうかとい
うことを，児童・生徒や保護者の考えを丁寧に聴きながら確認をしていくと，
目標を共有することができる。

　しばしば短期的な目標が一致しない背景には，まだ見えていない問題が潜ん
でいることも多い。目標が一致しないからといって，無理やり教員の考えを押
し付けたり，児童・生徒や保護者の考えを批判したり，目標を共有することを
放棄してしまったり，ということは何の解決にもならないことを覚えておこう
（「深い学びのための課題」参照）。教師は，学校生活を送る児童・生徒のメリッ
トを第一に考え，保護者とともに，長期的目標を意識しながら，数週間から数
か月をめやすにした具体的短期的目標を達成できるような支援や指導を提案選
択していくようにする。

⑥教育相談の枠と構造

ⅰ．時間…教育相談に必要な枠として，時間というものがある。相談時間を長
　く取れば問題解決が進むというわけではない。とはいえ，数分の立ち話だけ
　では十分でないこともある。時間枠としては，一般の心理療法や心理相談の
　ように，50分〜1時間というような枠をとることは実際の学校生活のなか
　で容易ではない。また，教師が担当する場合には，「多重関係」になること
　（担任であり，かつ教育相談を担当するものという多重の関係で，しばしばいずれ
　の役割にも負担を与えてしまい，相談をする児童や生徒らにとっても，混乱や不
　安を高めてしまうことがあるため注意が必要である）も配慮して，15〜30分と
　いう時間枠をあらかじめ決めておき，相談に入る前に「○分まで時間をとり

ましょう」と時間枠を明示して始めるようにする必要がある。

ⅱ．場所…プライバシーを配慮し，落ち着いて話に集中できるように他者がふいに入ってこないような空き教室や相談室という場を確保することが望ましい。もし，家庭訪問をして教育相談をする場合には，相手の安全な空間に侵入してしまうかもしれないことを配慮し，より一層時間枠の明示とその厳守が求められる。

ⅲ．担当者…児童・生徒本人の相談意欲が十分ではないような場合，また学年変わりで十分な関係がついていない場合には，少しでも安心して自分を振り返ったり，落ち着いて問題を共有したりできるように，当該児童・生徒が信頼できる人（たとえば，専科の先生や前の担任，よく話をしているような養護教諭など）も同席してもらうこともできるなど，あらかじめ伝えておくことも忘れてはならない。

（2）教育相談における視点

　2つの視点を意識して進めていこう。「かれらに合わせる」と「かれらを合わせる」という視点である。

①かれらに合わせる視点

　授業中座っていられない，漢字のテストでいつも零点，楽器演奏はできるのに譜面がどうしても読めない，休み時間一人でいたがる，好きなことについて話し出すと止まらない，ノートを取ることができない，他児が嫌がることを平気で言いつづけるなどといった気になる行動がみられると，それを当該児童・生徒，保護者，教員等が直したい，変えたい，止めたいと思うものである。そうしないと集団生活が混乱してしまったり，本人の自己評価も低下し，当人だけでなく多くの子どもの学校適応感が脅かされてしまったりすることがあるからだ。

　しかし，罰を与え，注意したり，怒ったりするだけの指導では，なかなか変わらず，変わっても一時的でしかなかったり，なかには，それによってさらに自己評価を下げてしまい，「私の存在はみんなの迷惑なんだ」「ぼくは嫌われて

いる」「自分はこのクラスにいないほうがいいんだ」といった思いを強めることさえある。

　アメリカの児童精神科医で子どもの自閉症の研究を最初に行ったレオ・カナー（Leo Kanner）は，子どもの症状や問題とされる行動は「入場券」とみなすことができると述べた。私たちは，それらを通してかれらがいる世界に入ることで何が今起こっているのか，どんな世界を体験しているのかを理解することができると説明したのである。しばしば「困った子だ」と評されてしまう子どもたちも，カナーのいう「入場券」でかれらが体験している世界をのぞくと，かれらがどんなことに生きにくさをかかえ，困っているのかがみえてくるだろう。そうすると，そこにいるのはもはや「困った子」ではなく，「困っている子」であることに気づくことができる。

　教育相談において重視すべき「かれらに合わせる視点」というのは，子どもが体験している世界を子どもの側から理解しようとする視点である。私たちはそうした視点をもつことで，問題行動とみなされるものを取り去るのを急ぐのではなく，その意味を理解していくことで，その子だけを変えるのではなく，その子に起きてほしい変化をどのように起こすことができるかをその子が生きている環境，つまり，家庭，学校，クラス，地域といった広い環境に視野を広げて検討することができるようになる。

　世界保健機構（WHO）は，2001 年に国際生活機能分類（ICF）というものを発表した。それによると健康と障害という言葉が「生活機能（Functioning）」と表現され，生活機能は個人の要因だけでなく，個人が生きている環境要因との相互作用によって左右されると提唱した。つまり，環境を整えることで，これまで障害とみなされたものが決して問題ではなくなり，個人が適応的に生活することができるという点を重視しているのである。つまり，問題行動をかかえた児童・生徒が学校で適応的に生活するうえで，個人だけを変化させる視点に加えて，学校やクラスといった環境を改善していく視点が教育相談の目標を達成するうえで必要になる場合があるということである。

　日本では障害者差別解消法が 2016 年に施行され，障害のある人から社会的

な障壁（バリア）を取り除くための対応を必要としているという意向の表明があれば，負担が重すぎない範囲で公平に対応するという「合理的配慮」の必要性が唱えられた。これは，ある意味，障害などによって困難を体験している人に合わせる，つまり，「かれらに合わせる視点」をもった支援のことである。「合理的」というのは「必要かつ適切な」という意味で，本人が必要としていなかったり，また，配慮しようとする側に大きな負担がかかるような場合には，「合理的」とはならないのである。また，「配慮」とは，障害のある子どもや人が「〜できない」ということを，「障害があるなら仕方がない」として到達すべき目標を放棄したり，軽視したりしてもいいという態度のことではない。障害の有無にかかわらず，生活するうえで，生きるうえで必要な目標や当然の権利は，その目標に到達する，あるいは権利を手に入れるプロセスや方法，すなわち学習環境や学習方法，評価方法などをかれらに合わせて工夫していくという支援のあり方である。具体的には，書字障害がある場合，ハンドアウトを用意したり，タイプを使用させたり，ノートテイカーを頼んだり，読字障害がある場合，教科書や本を録音し音声にした教材を用意したり，障害の特性にあわせて座席を固定したり，掛け算九九の覚え方を唱える以外の方法を認めたりなどということがある。

　あらためて「合理的配慮」についてまとめておく。これは前述したように，本人（あるいは家族）の意向表明から始まること，そして，始める前にかかわる支援チームで当人も含めて何度も話し合い，当該児童・生徒の困っている世界をできるかぎり理解・共有していこうとすること，なされるべき配慮は，ほかの児童・生徒の不利益となってはならず，また，配慮をする学校やクラス側に常識を超えた負担を与えてもいないことが求められ，さらに，ある配慮を行ったのちにも，そのやり方で適切であったのか，別の方法を試すべきか，そこまでしなくても目標を達成できるようになったかなどを当該児童・生徒やその保護者と繰り返し話し合って，柔軟に変更していくという姿勢も忘れてはならない。それまでの教育現場での経験を参考にしたり，医療機関と連携したりすることも有効な「合理的配慮」を選択するうえで参考となる。

第6章　学校ができる支援　171

②かれらを合わせる視点

しかし，何でも「かれらに合わせる」支援ということでいいのかというと，そういうわけにはいかない場合がある。たとえば，「うちの子は雨にあたると痛みを感じるし，雨で濡れると夜中まで興奮状態になって手に負えなかったりするので，雨の日は，学校に車で送り迎えをさせてもらいたいし，雨の日の運動場での体育は休ませたい」といった要望が保護者からあった場合，どうしたらよいだろうか。前述したようなかれらに合わせる視点で，保護者の要望どおり，また，当該児童・生徒の状態を考慮して，雨の日は車の送り迎えと外出をさせないということを認めるのがいいのだろうか。たしかに，一度興奮し，パニック状態となると衝動性や攻撃性が高まって手に負えなくなり，本人が辛いだけでなく，クラスメイトや家族の負担も大きなものとなるかもしれない。そもそも，このような事態は，この児童・生徒の脳のタイプ，すなわち脳の特定の機能上の問題から生じている場合がある。そうなると本人の努力や意思の力で簡単に変化させることはきわめて困難なこととなるのかもしれない。そうであるならば，こうした保護者からの要望に対して，「かれらに合わせる支援」を行うしかない。

ここで，忘れてはならないことがある。支援における長期的目標である。パニックを起こさせない，クラスメイトや家族の負担を増やさない，それが目標となるならば，保護者の要望をそのまま引き受けるのがいいのかもしれない。しかし，これは当該の子どもにとって果たして意味があるのだろうか。こうした支援の姿勢は，将来，こうした子どもが私たちとともに社会で自立して生きていくことにつながるのだろうか。否である。

前述したような将来を見据えた長期的目標を保護者や子どもと共有し，たとえ，今は大きな不安や心理的苦痛を伴ったとしても，「かれらに合わせる」という姿勢ではなく，「かれらを合わせる」という視点で支援を進めていくことを選択すべきなのである。もちろん，そのために保護者を支え，環境を整えていくことも忘れてはならない。

「かれらに合わせる」か「かれらを合わせる」は，二者択一というわけには

いかない場合もある。ある程度，「かれらに合わせる」ことをしつつも，「かれらを合わせる」ことも妥協しないという支援のあり方が求められることもあれば，前述したように，支援の目標内容については「かれらを合わせる」という視点に立ち，支援の方法については「かれらに合わせる」という視点に立って支援を進めていくということもある。

2 教師による保護者との関係づくり

（1）保護者への支援のタイプと関係づくり

保護者への支援のあり方をまちがえることによって，児童や生徒への適切な支援が実現できなくなることがある。保護者が学校に不満を強め，学校を回避するようになったり，保護者が子どもに当たることで，親子関係はもちろん，担任と児童・生徒との関係が悪化してしまったり，また，保護者が精神的に落ち込んで児童・生徒への適切な対応ができないだけでなく，日常生活において大きな問題が新たに加わってしまったりなどということさえ生じる。そうしたことが起こらないように保護者支援をしていくうえで，支援のあり方にタイプがあることを理解しておく必要があるだろう。主に「保護者を支える」「保護者と支える」「保護者が支える」の３つのタイプが存在すると考える。

①保護者を支える

保護者のなかには，うつ病を患っていたり，これまでの子育てにエネルギーを消耗して自己評価が下がっていたり，経済的に困窮し高いストレスをかかえていたりする人がいる。なかには，配偶者から DV の被害を受けているという立場の保護者もいるかもしれない。そのような保護者に，「一緒にがんばりましょう」「親なんだから，これくらいのことはお願いします」といったり，そうした気持ちを向けてやりとりをしたりしてしまうと，どうなるだろうか。こうした保護者は，ただ，学校や担任を回避したり，また，子育てにさらに自信をなくして精神状態を悪化させてしまうかもしれない。いずれにせよ，うまく子どもの支援につなげていくことができなくなる。このような場合は，保護者のあり方を一方的に注意したり，要望を伝えるのを急いだりすることは避け，

第6章　学校ができる支援　173

何よりも共感的に保護者が体験している子育て上の問題や負担について話を傾聴することが必要である。そのうえで，保護者が一人でかかえ込まなくていいこと，医療などの専門機関に助けを求めていいこと，学校ができることは学校側で対応するので心配いらないことなどを伝えていく。保護者がすでに医療機関や何らかの専門機関につながっているようであれば，そうした機関と連携したり，その保護者が信頼している人（配偶者，子どもの祖父母，クラスメイトの保護者など）があれば，当該保護者に承諾を得たうえで，かれらと一緒に子どもへの支援を考えてくようにする。

②保護者と支える

保護者のほうでも子どもの問題や課題を認識しており，何とかしないといけないという認識を明確にもっている場合には，教師と保護者で目標を具体的にしていき，情報交換をしながら協働をしていくことで，有効な児童・生徒支援が実現できるだろう。このような場合には，保護者にだけ任せるという態度や，学校ではこうするから，といった一方的な態度は避けなければならない。保護者と学校は目標を共有したあと，役割分担をして，定期的にコンタクトをとることを約束する。支援の仕方について話し合いを進めるなかで，学校でも家庭でも，このような場合に，このように対応しようと同一の姿勢を同じように決めておくこともあれば，逆に，学校ではこのように対応するので，家庭では，別なやり方で対応してもらうというように相補的な姿勢を提案することがあってもいいだろう。

③保護者が支える

保護者なりの問題意識があり，目標も明確で，保護者自身で子ども支援を進めていく知識もスキルも十分にあり，ある程度の見通しをもって動こうとしている場合には，学校側の考えや要望を前面に出すことはできるだけ避け，教師はあくまでも「黒子」となって保護者を支援していくようにする。たとえば，保護者が手に入れられない情報を提供したり，学校がもっている社会的資源について教え，それらとの橋渡しを行ったり，保護者が求めている知識を教育機関という立場からも捜して情報提供を行ったりというようにである。こうした

表6.1 傾聴の姿勢とその対応

①相手の言葉や物語を尊重する	児童や生徒が困っていること，悩んでいることを話し出したときに，かれらが使う言葉を大切にしていこう。急いで自分の表現に言い換えてしまったり，一般的な概念でまとめてしまったりすることは，子どもたちが体験している世界をかれらの側から理解するのを妨害する。
②問題や障害とみなされるものを生きている文脈のなかで理解しようとする	すぐに手が出る，何度言っても約束を守らない，そういった問題を表す児童・生徒の話を聴く際，「あなたの問題なのよ」と個人だけにその原因を帰して話を聴く態度は，決して傾聴という姿勢にはならない。どんな場面，どんな人間関係において問題が現れるのか，逆にどういう場面，どういう人間関係では問題が目立たないのかというように視点を高いところにおき，視野を広げて話の内容を理解するようにしてみよう。
③問題や障害とみなされるものにひそむ意味を探る	児童精神科医レオ・カナーは子どもの症状には「入場券」としての意味があると語った。だとしたら，児童・生徒自身を悩ます問題や，周囲を困惑される問題には，一体どんな意味があるのだろうか，そして，それをどのように理解していけばいいのだろうか。まずは，問題や症状といわれる生活への適応を脅かす現象がその子どもに何らかのメリットを提供しているのかどうか，よく観察し，話を聴いていこう。 症状を出すことで周りがどのように反応しているか，その反応がこの子自身に，あるいは子どもにとって重要な他者にどのような影響を与え，生活がどのように変化するのか…，そうした視点から症状や問題の存在意味を見直していくと，見えてくる子どもの世界がある。
④話す速度，表情，視線といった非言語的メッセージにも耳を澄ます	私たちのコミュニケーションは言語的メッセージのやりとりによって成り立っているだけではない。むしろ，日常のコミュニケーションにおいて，表情や視線，姿勢や，話す速度や声の高さ，沈黙といった非言語的メッセージが占める割合が大きいのである。とくに，言語的情報と非言語的情報が矛盾している場合には，非言語的情報にこそ大切なメッセージが含まれているともいわれる。 沈黙や話すことのためらいや抵抗にこそ，重要なメッセージが隠されていることもある。声になった言葉だけがメッセージではない。言葉では表すことのできない子どもの体験に耳を傾けてみてほしい。
⑤結論や断定を急がない	仮説を立てながら話を聴いてみよう。仮説というのは気づくことを助けるからだ。とはいえ，仮説を1つだけに急いで絞る必要はない。これしかないと思い込んでしまうことによって視野が狭くなり見えるはずのものも見えなくなることもある。 傾聴というのは，たくさんの仮説をもうけ，柔軟に修正を繰り返しながら聴く態度だともいえる。
⑥相手から教えてもらう	何より，傾聴とは，「相手から教わる」という姿勢である。児童・生徒がもっている情報は無限に近いほどあるが，私たちが知れるのは，相手が教えてくれる，相手が見せてくれる情報なのである。それゆえ，相手から信頼されることが重要である。

第6章 学校ができる支援 175

支援においては，学校側の考えを押しつけないように気をつけ，適宜，支援の
プロセスについて情報を教えてもらいつつ，保護者が主体的に動くのを妨害し
ないで，見守っていくように気をつける。

（2）関係づくりのための心理臨床的スキル

①傾聴・共感的理解

傾聴とは，Active Listening，つまり，積極的に耳を傾ける姿勢のことであ
る。これは，ただことばで表現された内容を聞いて理解するということではな
い。それは，①相手の言葉や物語を尊重しながら，②問題や障害とみなされる
ものを生きている文脈のなかで理解しようとし，③それらにひそむ意味を探り，
④話す速度，表情，視線といった非言語的メッセージにも耳を澄まし，⑤結論
や断定を急がずに，⑥相手から教えてもらうという姿勢である（表6.1）。

このような聴き方の姿勢を大切にすることによって，おのずから，共感的に
理解をするという体験が可能になるのである。

傾聴を通して共感的に理解をしていくプロセスは，決して急ぐことはない。
急いで理解しないと教育相談がうまくいかないというわけではないのだ。理解
に近道はいらないのである。急いで理解するよりも，理解できていないことが
あることを理解しながら，教えてもらうという姿勢で耳を澄ましていくことが
必要なのである。理解しよう，理解したいという姿勢が，理解ができたという
姿勢よりも支援につながることを忘れないでいてほしい。

②受容と制限

「傾聴して共感的に理解をするだけでいいのだろうか」「共感的理解って相手
のことをなんでも認めてしまうことにならないだろうか」「受容してなんでも
許可していたら，学校生活なんてうまくいかなくなるのではないか」と思うこ
とがあるかもしれない。現場の教師から「心理士の態度は，どうも甘やかして
いるようにしかみえない」などと不満をこぼされることも少なくない。果たし
て，受容は甘やかしなのだろうか。両者は決して同じものではない。両者のち
がいを表にしてみた（表6.2）。

176

表6.2 「甘やかし」と「受容」のちがい

甘やかし	受容
■相手の気持ちよりも自分のなかの相手に嫌われたくないという気持ちに目が向いている。	■相手の気持ちを理解することに重点がおかれ、好かれるかどうかにはとくに関心がない。
■相手の思いに向き合うこと、ぶつかることを避けようとしている。	■相手の思いを聴き、誤った思い込みの場合には、それについて率直に言及できる。
■行動と感情の区別ができず混とんしたままで、感情を尊重することにも目が向いていない。	■行動と感情を分けて、行動のなかには認められないものがあること、しかし、どんな感情も認められることを認識している。
■試練を経験することを通して成長することができるということを信じていない。	■相手のなかの成長する力を信頼している。
■自立という目標に目を向けていない。	■自立という目標に絶えず目を向けている。

　他者と生きていく，つまり集団生活を送るうえには，行動を制限せねばならないことがある。また，ある行動をとってもらわないと困ることもある。それでは，どのように制限を加えたり，行動をとるように伝えたりすることができるだろうか。

　私たちは，傷つけられたくない，否定されたくないといった思いを抱くと，自己防衛的になってしまう。そうなると，コミュニケーションというものは妨害される。児童・生徒を，あるいは保護者を自己防衛的にしてしまい，コミュニケーションから撤退させてしまわないためにも，まずは相手の抱いている気持ちを否定せずに，また，途中で自分の意見を差しはさもうとするのはやめて，相手の語り出した言葉とその言葉に込められた感情を，そのまま受け止めてみるという前述の傾聴という姿勢が不可欠となる。それなくして，性急に行動を制限しようとすると，相手は「わかってもらえていない」という想いを抱いたり，自分の人間的価値を否定，軽視されたように感じたりしてしまい，行動制限の必要性を伝えようとするメッセージを受け取れないばかりか，コミュニケーション自体を放棄してしまおうとするかもしれない。また，制限せねばならない行動によって表現された感情や欲求をほかの形で表現することができるかということに目を向けてみよう。そうでないと，制限されただけでは，感情

第6章　学校ができる支援　177

や欲求を封印したまま，一層欲求不満を募らせ，ストレスをためてしまい，ときには別の形で不適応的な行動が繰り返されてしまうことさえある。制限した行動の代わりにどのような行動や表現のあり方があるのかを一緒に考えながら，感情や欲求を適応的に表現する方法が決して1つだけではないことを児童・生徒とともに確認にしていくことが重要である。

　もちろん，ただちに止めねばならない行動もある。その場合には，「とりあえず」行動を制限し，落ち着いたところで，すみやかにその理由を説明するとともに，かれらの気持ちに耳を傾け，理解したいという姿勢を示すことを忘れないでいてほしい。

　教室から出て廊下で寝そべるなど，そのまま受容するわけにはいかないということもあるだろう。「どうせ，この子はできないから」とあきらめてしまうこともない。こうした行動にどのような意味が潜んでいるかを探り，児童や生徒，あるいは保護者が体験している世界に耳を澄ましてみよう。感情や欲求について少しでも理解を深められたり，かれらが体験している世界が感じられたりすると，何をどのように受け入れ，あるいは制限すればいいかがみえてくる。たとえば，廊下に寝そべって教室に入ろうとしないのは，教室内の聴覚，視覚刺激が多すぎて，脳が疲弊してしまっているからかもしれないと意味がみえてきたら，教室環境を見直したり，イヤーマフの活用を提案したり，一定の時間は廊下で落ちつくのを許可したりすることも検討することができるだろう。

　コミュニケーションを続けていくことで，危険な行動を止めることを急がねばならないことはあるが，適応的な行動をとることについてはそれほど急かさなくてもいいということに気づくことも少なくない。

（3）関係づくりのための視点
①「教わる」という視点
　自分の子どものことしか考えずいろいろ文句が多い親のことをモンスターペアレンツということがある。「困った親」のことをこう表したのだろうが，果たしてかれらは本当に「困った親」なのだろうか。

178

「小さいころから育てにくい子どもを育ててきた」「ほかの子どもとトラブルが絶えず，お詫びのためにいく度となく頭を下げてきた」「診断が下ったものの，周りからの理解を得られずにきた」など，こうした保護者たちは，日々の生活に多くのストレスを感じている。かれらも子どもと同様，「困った親」というよりも「困っている親」であるのだ。

かれらが体験している感情に耳を澄ましてみよう。こうした保護者は自分が育てなかったら何とかなっていたのではないかという罪責感や，自分が親なんだから逃げてはいけないという過度の責任感や，何度注意しても言うことを聴いてもらえないことから途方にくれてしまう無力感，あるいはまた，ほかの保護者，親族らにわかってもらえないという孤立感をかかえていることが多いのではないだろうか。

保護者のこうした感情や「困っている体験」を理解するためにも，保護者から教わるという姿勢が必要になる。どんな世界に生きているのかということを，保護者個人だけでなく，保護者が生活している家族や地域，所属しているクラスがもっている課題や特性などから理解するという「木も見るが，森も見る」という視野を意識してみよう。それは，鳥の目になって上空から保護者が生きている世界を見ようとすることや，保護者という木からその木のある森を眺めてみようとすることでもある。また，空間を広げて教えてもらうだけでなく，時間も広げて教えてもらう，つまり，これまでの成育歴や家族歴をさかのぼって「困ってきた体験」に耳を傾けていくことも忘れてはならない。

②発達について理解するという視点

子どもの発達段階について理解し，保護者と共有することは重要である。子どものなかの発達の力をうまく引き出し，また，それぞれの段階における未熟な自尊心を尊重するためにも，発達というステージを理解して支援の仕方を工夫することが必要になる（表6.3）。

成功体験の与え方については，小学校低学年のころは，できるだけそうした体験をたくさん積めるよう，課題の内容や量，やり方などに配慮ができるといいだろう。しかし，高学年になったら成功体験ばかりではなく，むしろ，失敗

表6.3　発達のステージによる支援

小学校低学年まで	思春期以降
■成功体験を増やせるような場をつくる。	■失敗体験も与え，失敗することはいけないことではないことを理解できるように。
■一人でできることを増やせるように指導する。	■一人でできないときに「助けて」と言えるように指導する。
■「すごい」「えらかったね」「よくできた」などわかりやすい言葉でほめる。	■「ありがとう」「ご苦労様」「助かった」など感謝とねぎらいの言葉をかける。
■他者に対して安心感をもつ力を育てる。	■他者との関係のなかで，自分を守る力を育てる。
■「ちがい」を補う力を育てる。	■「ちがい」を理解し，それを生かす力を育てる。

体験というものが重要になる。ときには，あえて失敗するような体験を提供したり，教員や保護者などの大人が失敗する姿を見せたりして，そこからどのようなことを学び，どのように心を立て直すかという体験を提供していくことが望まれる。自立という体験においても，低学年のころは「一人でやる」体験を増やしていくよう励まし指導するが，高学年になったら，一人でできないときに「助けて」が言えるように指導をしていく。ほめられるという体験においても，低学年年は「すごい」「よくできた」などと行動を具体的にほめていくことが，その行動を身につけるうえで，また，自尊心を高めていくうえで有効であるが，高学年になったらそうした言葉かけは逆に自尊心を傷つけることがある。かれらには，行動というよりも，その行動を選択した本人自身を，ほめるようにし，「ありがとう」「ご苦労様」「助かった」といった感謝やねぎらいの言葉や気持ちをかけるようにする。他者とのかかわりについては，低学年のころは，人を信頼できるような環境を整えて，対人関係に安心感をもてるように指導支援をしていくことが求められるが，高学年になり，やがて社会に出ていくことを念頭において，この世には残念ながら信頼できない他者もいることを意識させ，どのように自分を他者から守るかについてさまざまなソーシャルスキルを指導していくことも重要だ。

　発達というのは，何歳から何歳，何年生から何年生というような歴年齢や学

年で決まるものではない。そうしたものは1つの目安にはなるものの，子ども一人ひとりからの変化の兆しというものを受け取って，発達の力を借りながら大人たちも少しずつ支援やかかわりにおける態度を変化させていくのである。こうした姿勢が，子どものなかの発達の力を活性化させることもある。

このように発達によって指導や支援におけるかかわり方にも変化が必要であることを保護者と教師で共有していこう。

③枠づくりという視点

前述したが，保護者との相談においても，あらかじめ時間を明示し，厳守することが必要である。「あらかじめ」ということがキーポイントである。いったん，相談が始まってから，「長くなりそうだ」「どこかで切りたい」などと思い出してから時間を制限するのは，傾聴という態度を妨害するだけでなく，相談対象に「見捨てられた」「面倒がられたのではないか」などという思いを与え，罪責感や孤立感といった感情を一層強めてしまうことがあるからだ。相談時間は，いわゆる地域における心理療法や心理相談とは異なり，決して長くとることはない。長い時間をとることで，教員がバーンアウトしてしまうことや，相談しに来た保護者も話しすぎてしまい自分を守る力や自己と他者の間の境界をつくる力が不安定となり，かえって相談前より混乱や不安を強めてしまうこともある。だいたい，15分から長くても30分と考えていいだろう。もしも，それ以上に長い時間を必要としていたり，内容からいってそうした時間が必要と判断したら，SCなどの心理士や医師，そのほか学校ソーシャルワーカーなどの福祉士といった専門職につなげていくことが求められる。

保護者支援において重要なことは目標の明確化である。保護者が求める目標と教員側が考えている目標が一致しないと適切な保護者支援ができないばかりか，しばしば児童・生徒への支援の障害となってしまう場合がある。目標は，前述したように医療機関とはちがって障害や症状を取り除くことではない。気になる行動や問題の発現を抑えることが目標となる場合もあるが，なかには，意思の力で抑えきれないものもあり，その場合にはその状態を理解し，必要ならばクラスメイトにも説明し，問題をかかえながらも学校生活を送るために何

が必要かを見いだしていくことが目標になる場合もある。しばしば，短期的目標において保護者と一致しないということが起こりうるが，将来，この子にどうなってほしいか，どんなことを身につけてもらいたいかという長期的目標においては比較的共有しやすい。短期的目標が一致しなくても，まずは保護者と長期的目標を確認しあって児童・生徒の支援を展開していく。

　このようなケースがあった。毎週ある漢字ドリルの小テストで，いつも０点か１点しか取れない小学２年の児童がいた。担任は，このままだと勉強が遅れてしまうと心配し，保護者に「小テストがある前日だけでもいいので家で少し勉強を見てやってほしい」といったが，小さな幼児のきょうだいがいて，しかも仕事が忙しい母親は，「さんざん言ってもやらないし，うちは，自営の小さな店を継いでもらえばいいので，勉強できなくてもかまいませんから」と応えて，教師の声かけに消極的だった。教師が提示した「勉強が遅れないように」という目標は保護者にとっては目標とならなかったため，児童への支援に保護者の協力が得られないのである。こんな場合，どうしたらいいだろうか。短期的目標では一致できないと考えた教員は，長期的目標について保護者と一緒に検討することにした。その結果，「店をやっていくにも，自立して生活していくためにも，嫌なことやすべきことから逃げない習慣をつけよう」という長期的目標を確認することができた。それによって，母親の子どもへの対応も少し変化し，当該児童の漢字ドリルの小テストに取り組む姿勢が徐々に改善されていったのである。

　教師が言葉にしてしまいやすい，「ほかの児童・生徒の迷惑にならないように」といった目標内容は，保護者たちに孤立感や罪責感を強めてしまうことがあるため気をつけなければならない。集団生活を守るうえで，実際にそうしたことがあるとしても，他児の都合や状況を前面に出すのではなく，当該児童・生徒にとってのメリット，たとえば「安心して学校にいられること」「学習のわからなさからくるストレスを少しでも減らせること」というような内容を提示し，保護者と目標を設定していくことが，保護者と協力して子どもの支援をしていくうえで重要になる。

また，１回相談したらそのままとなってしまうのではなく，できたら，２週間から１カ月後ぐらいにフォローアップの時間を設けて，相談した内容の理解の確認や，問題解決法の試行錯誤結果について検討しあったり，もしも専門機関を紹介した場合には，その相手機関との関係について振り返るといったことも教育相談におけるコミュニケーションを続け，関係を積み重ねていくうえで重要である。とくに，ほかの機関を紹介した場合には，「見捨てられた」という不安を抱かせてしまっていることが多いし，また，紹介先とうまく合わなかった場合に「せっかく紹介してくれたのに，気が進まないなんて言えないな」と心配するあまり，紹介してもらった教員との関係が気まずくなってしまうことがある。紹介するような場合には，できるかぎり，フォローアップの機会を設けて，紹介先についての話題を出し，率直に思いや感情を共有して，孤独感や見放された感情，気まずさといったことを共有しあえるといいだろう。

　保護者は子どもについて過剰に心配するあまり，相談内容を記憶しておくことがむずかしくなることがある。簡単にメモをしてわたしたり，コピーをとって同じ内容を教員と保護者で保存していたりということも考えておこう。その際，記録は決して長くならず，簡潔に，また，あれもこれもはやめて，１回につき２，３のポイントだけに絞るようするといい。

３　連携による教育相談

　教育相談では，どのようなところと連携することがあるだろうか。その実際を３つの事例でみてみよう。

■**事例①**　授業中に居眠りをしてばかりいる小学５年の男児。頭痛を訴え保健室にも頻繁に行く。その回数が今学年になってから増えた。担任が男児に「夜は何時に寝ている？」と聞くと，１時過ぎだという。「もっと早く寝たほうがいい」というと，「お父さんが寝かせてくれないんだ」と言う。担任が保護者に連絡をいれたところ，母親が来校した。彼女の話だと，睡眠不足について自覚をしており，それが決して子どもにとってよくないことも理解している様子だった。しかし，女親側の親族はみな高学歴で母親は自分の学歴にコンプレッ

クスをもっており，父親や同居する祖母が受験勉強をさせているという。小学校受験での失敗経験から2人とも塾を信頼しておらず，女親が仕事から帰宅後に勉強を見ているのと，男児も下校後はゲームばかりして父親が出した宿題に取り掛かるのが遅いため，どうしても寝るのが深夜過ぎになってしまうのだそうだ。

■事例②　遅刻や欠席が目立ち始めている小学3年の女児。下に小学1年の弟がいる。母子家庭で，母親は仕事をいくつもかけもちしており，日中も夜も家にいない。保護者会や学校行事にも顔を出すことはまずない。そのため，連絡が取れず，家庭訪問をしても留守の状況で数週間経っていた。子どもに聞くと，午前中は家にいるそうだが，夜が遅いため，ずっと寝ているらしい。朝食も食べずに登校することも多い。夕食はコンビニでお弁当を買ってきょうだい2人で食べていることが多いともいう。クラスメイトの保護者からは，小学生としてはあまりに多額のお金を持ち歩き，地域でも気になっているという話があった。

■事例③　嘘ばかりつく小学4年の女児。そのために友だちとよくトラブルになり，他児の保護者からもクレームが学校に入ることがしばしばである。担任が保護者に連絡をするが，なかなか学校に来校してもらえない。ある日，やっと来校してくれた母親は，顔色が悪く，髪もぼさぼさだった。担任は気になり，女児の話の前に，母親の体調を気遣ったが，数カ月眠れていないという。女児についても，学校は把握をしていなかったが，時々家出をしていなくなってしまうことがあるようだ。母親は，「この子の子育てにもう自信がない」といって涙をこぼした。

　それぞれの事例は，どのようなところとどのように連携していくことが求められるだろうか。

　事例①では，母親だけに「こうしてほしい」などと助言や提案をしても，変化を望むことはむずかしい。母親自身が，自分への劣等感から，高学歴の家族の行動に声を出せないでいるのである。もしも，母親だけと面談をして指導支援をしていたら，家庭のなかで母親が追い詰められてしまいかねない。「木だ

けを見て，森を見ない」という姿勢で教育相談を推し進めると，この母親の心理的負担は強まるばかりだろう。このような場合には，「森」全体へ視野を広げて，母親の状況を理解したうえで，父親や子どもの祖母とも連携して一緒に相談する場を設けることも1つの方法であろう。

　事例②では，まず保護者とどう会うか，どうかかわりを始めるかということが大きな問題となる。実際に忙しくて連絡がとれないのか，なんらかの理由があって学校からの連絡を拒絶しているのか，そうしたことを考えておかねばならない。また，子どもが2人いる母子家庭における経済状況への理解も必要だ。ただ，時間をつくるようにいって仕事を休むことを強いることは，この家庭にとって重大な問題になることがある。しかし，連絡が取れない家庭というのは放置していたらどんどん孤立していってしまう。また，このままいくと，マルトリートメント，あるいは児童虐待に陥りかねない。このような場合には，子ども家庭支援センターや児童相談所など地域の福祉士，保健師や心理士といった専門家たちや少しでもこの家族と交流のあるほかの保護者や教員・地域住民などと連携して，家族全体を孤立させないよう支援のネットワークに位置づけることからはじめる。そして，地域の心理社会的資源を活用できるように支援を進めていくことができるかもしれない。

　事例③では，「母親を支える」ために，まずは，家族のほかほかのメンバー，たとえば，児童の父親や同居する，あるいは近くにいる祖父母などとの連携が必要になるかもしれない。子どもの問題行動に焦点をあてた支援には保護者の了解を得て地域の教育支援機関や医療機関と情報共有しながら，対人関係のトラブルや嘘をつくということがどのような意味をもち，どのような背景から起こっているのかをアセスメントし，支援の具体的な目標を立てていく必要がある。

4　うまくいく連携チームづくり

　小中学校の教員に面接した校内連携のあり方の語りを分析した結果，うまくいく連携の背景に以下のような要因が潜んでいることがうかがわれた（前川

2011，杉本・前川　2018）。それらの要因をもとに実際の連携体験から浮かびあがってきたポイントをあげていこう。

（1）教師間での連携において

①日常のコミュニケーション…これは子どもについての詳細な話し合いや長い議論である必要はない。むしろ，校内で顔を合わせた際に，教師間で，あるいはスクールカウンセラーなどとちょっとした「あいさつを交わす」というごく日常的な声かけが連携を促進する背景にある様子が示唆された。

②情報の共有…後述する支援への動機づけを高めるためにも，何が問題であるかを共有していく姿勢が重要になる。この場合，できるだけ多くの観察場面や観察者による情報があるといいだろう。どの情報が正しいかまちがっているかという観点ではなく，どの情報も子どもの一面を描写しており，どの一面からも子どもへの理解を深められることを認識しておくことがのぞまれる。

③目標の共有…子どもの指導や支援において，何を目標にするかをよく練ることが必要である。また，事例①のような場合には，母親，父親，あるいは姑と一緒に，何が子どもにとって重要であるかということを，「子どもの今」「子どものこれから」を見据えて，「子どもの今まで」を留意しながら１つにまとめていく。すぐに一致しなくても，時間をかけ，どうしても一致しない場合には，保護者が望む目標への理解を深め，尊重しつつも，長期目標を明確にし，そこに至るまでのいくつかの短期目標を設けるようにし，そこに，教師側の考えを伝えていくといいだろう。

④連携の意義や意味の共有…連携による支援の意味や意義がわからないために，うまく連携できないということは意外に多い。個人プレーによる支援ではなく，役割分担をしてお互いを支えあい責任を分かちあうチームプレーによる支援の意義について，校内で理解を深め，共有していくことが必要になる。

（2）保護者との連携において

⑤子どもの問題への気づきと問題意識の共有…担任は問題だと思っていても，

保護者が問題だと思っていないという場合がある。そうなると，支援するということ自体への動機が薄れてしまう。問題を共有するためにも，子どもの様子を客観的に見てもらったり，あるいは多数の観察視点からの情報を共有したり，問題が良いか悪いかではなく，そこに潜む意味について一緒に探るという体験をとおして，子どもが今困っていることは何かということが共有されると連携がうまく進んでいく。

⑥**対等な関係**…コミュニケーションにおける言葉に配慮し，専門用語を乱用せず，また，独特な用語が出てきた場合には，それについて「教えてもらう」という姿勢をとりながら，上下の関係での支援連携ではなく，それぞれに子どもについて重要な視点をもち，重要な情報をもっている支援者として，対等性という感覚を大切にする。すなわち，相手を頼りすぎたり，また，相手からの依存を促したりということに注意し，むしろ教師のほうが「相手から教わる」という姿勢を意識する。

（3）さまざまな相手との連携において

⑦**役割分担**…連携支援に登場する人物の間で，具体的に役割分担する必要がある。そのためにもそれぞれがもっている専門性や情報，思いや経験といったものを理解しようとしていこう。対応の仕方を同じようにするということを話し合ったり，逆に，学校ではこのように対応するので，そのぶん家庭ではこのように補っていこう，支えてみようというように対応の仕方を分担する場合もある。子どものことをよく理解し，子どもとの距離が近いぶん見えなくなっている保護者や担任がいれば，子どもから適度の距離があり，かかわりは少ないが，情報を一番たくさんもっている教員や，子どもが心を許し信頼している教員が，子どもの代弁者（アドボケイト）という役割として連携に加わるようにする。

⑧**守秘と情報共有**…連携の成功失敗に最もよく関与しているのが，守秘と情報共有という姿勢であるといっていい。信頼関係を形成するには，守秘ということが重要な核となる。しかし，1人の支援者が1人だけで情報をかかえ込ん

第6章　学校ができる支援　　187

では問題解決にならないことがある。情報共有は要支援者である児童・生徒やその保護者に目的を理解してもらって承諾を得てから必要最小限を共有する。また，チームプレーとして子どもを支援する場合の集団守秘という考え方も大切にする。守秘も情報共有も，支援を求めている子どもや保護者へのリスペクト（敬意）というものが土台にある姿勢であることを忘れてはならない。

5 教育相談のロールプレイング

　ここでは，担任役，保護者役，またそれらのやりとりをビデオに撮るように観察するカメラ役に分かれて，ロールプレイングをしてみよう（前川　2011）。

（1）ロールプレイングのための事例紹介

　以下は， 2 （3）でも紹介した教師と保護者の間で目標としてみているものが一致していない事例である。このような場合，①どのようなことを目標とすればいいだろうか，②担任はどのように，保護者と目標を共有して相談をしていけばいいだろうか。

■事例①　小学2年の男児は，範囲が決まっていて多くの児童が満点をとれる漢字の小テストで一度も満点が取れず，良くて半分ぐらいか，ひどいときには0点である。教室での発言から理解力や学習力がないわけではなさそうだ。担任は，このままだと，教科書が読めなくなるし，点数を掲示しているのでクラスメイトからもからかわれてしまうということを心配した。児童本人には何度も指導をしているが，なかなか改善されないため，保護者と漢字学習について相談することにした。来校した児童の保護者には，「〈A〉毎週の漢字テストは出る範囲が決まっているので1回か2回練習すれば，ほとんどの児童が満点をとれるんです。なのでテスト前日だけでもいいので勉強するように声をかけたり，ちょっとだけ見たりしてもらえないでしょうか」と話した。すると，保護者は，「〈B〉小さい子がいるし，自営が忙しくて申し訳ないですが…。私もするようには言ってるんですよ。でも，勉強は自分でやらないとね。まあ，うちは自営業を継いでもらえたらいいので，勉強なんてそこそこでいいんです。テ

ストの点数悪くても学校を楽しんでいるので気にしていません。それよりも，頭の悪い子をからかわないようなクラスにしてもらえないですか」という言葉が返ってきた。

（2）ロールプレイングのやり方

　教師役，保護者役，カメラ役を決める。ロールを決めたら，それぞれの役になりきるため，まずは，2，3分，情景を頭のなかで思いめぐらしてみよう（カメラ役の人は，2人が座る椅子の位置を考え，場のセッティングをしよう）。うまくやること，正解をだすことが目的ではない。ロールを体験することで気づいたことを3人の間で共有し，それらをさまざまな角度から振り返り，気づきや発見をすることが目的である。時間は5〜7分ぐらいで十分で，目標を一致させるところまで進まなくていい。なお，ロールプレイングの開始は，まず，担任役の人の次のことばから始めてみよう。

　「今日は，学校まで来ていただいてありがとうございます。○○君（さん）のことでご相談させてください」　その後，担任役の〈A〉の言葉から始め，漢字の小テストで満点，少なくとも今よりも良い点をとらせることを目標に，勉強させてほしい，勉強をみてほしいということを保護者に伝える。自分が担任なら，そのようなことを想わないし，話さないだろうという人もいるかもしれないが，ここでは，このシナリオにそって自分のなかで湧いてくる思いや気持ちに気づくことを大切にしてほしい。保護者役になる人は，自分なりに子育てや自営業に努力して取り組んでいることを念頭に，「学校生活を楽しめること」が目標であり，いじめやからかいがないようにしてほしいということを望んでいる人間を想定して〈B〉の発言をする。それ以外については，自分が担う役割について想像をめぐらしアドリブで発言を加えて役割を演じていく。その過程で，支援のための目標となるような内容を自分たちの言葉で語り，共有していけるかどうか検討してほしい。短い時間でのロールプレイングなので，最終的に目標が具体的にならなくてもいいが，支援を始めるにあたって，目標を明確にすることのむずかしさや目標を短期・長期と分けて考えていくコツと

いったものがなんとなく体験できるだけでも学びとなるだろう。

> **深い学びのための課題**
> 1．教師が担当する教育相談とカウンセラーやソーシャルワーカーなどの専門家がする支援のちがいについて，改めてまとめてみよう。
> 2．子どもの問題解決のためには，さまざまな関係者との連携が求められる。どんな相手・機関との連携があったか，確認しておこう。

引用・参考文献

杉本彩音・前川あさ美（2018）「発達障害を持つ子どもを支援するための校内連携」日本発達心理学会第 29 回大会ポスター発表

前川あさ美（2006）『つなぐ心と心理臨床』有斐閣

前川あさ美編著（2011）『学校・地域で役立つ子どものこころの支援─連携・協働ワークブック』金子書房

Caplan, G.（1964）*Principles of Preventive Psychiatry*, NY. Basic Books

索　　引

［あ行］

アウトリーチ　75
アスペルガー症候群　112
アセスメント　31,39,99,125,185
アドバンテージ　129
アドボケイト　187
甘え　60
甘やかし　177
ALACT モデル　30
言い換え　27
依存　61
一致　97
居場所カフェ　73,77
インクルーシブ教育　69
インターフェイス　152
インターベンション　125
インテーク　125
インフォームドコンセント　31
ウェルビーイング　1,39,118,124
うつ　46
エコマップ　137
エコロジカル（生態学的）　36,122,131
エコロジカル・システム　35
エンパワメント　122
オウム返し　27
オープン・クエスチョン　27
オモテの目標　146,147

［か行］

カウンセリング・マインド　97,98
学習障害　68,112
学力の二極化　79
家系図（ジェノグラム）　31,134,135
学級風土　13,40,47
学校運営協議会　152
学校コミュニティ　47,100,143
学校の安全配慮義務　89
学校評議員制度　151
学校風土　13,40,47
関係性の障害　66,72
感じられた感覚　13,14
基本的な安心感　59
教育格差　81
教育可能性　39
教育基本法　86

共感的理解　97,176
協働　78,153
傾聴　97,98,175,176
ケース会議（カンファレンス）　43,133,135,
　136
ケースマネジメント　126
ケースワーク　125
高機能自閉症　112
公教育　7
公認心理師　48,95
広汎性発達障害　113
合理的配慮　10,58,72,114,171
国連子どもの権利委員会　4,44
コーディネーション　139
個と環境の相互作用　66
子どもの権利条約　44,139
子どもの最善の利益　133
子どもの成長発達権　87
個別援助（ケースワーク）　119,126
コミュニティ・スクール（学校運営協議会制
　度）　151,153
コミュニティ・オーガニゼーション（地域組織
　化活動）　121
コミュニティワーク　125
コラボレーション　102
コンサルタント　100
コンサルティ　100
コンサルテーション　99,100,115
コンピテンシー　23

［さ行］

サード・プレイス　74,154,155
資源（リソース）　42,130,143
自己覚知　123
自己肯定感　59,82
自己効力感　76,82
自己主張期　32
システム理論　122
システム論　96
自閉症　112
自閉症スペクトラム障害　66
資本　77,78
社会性　56,57,66
社会正義　123
社会的孤立　73,78

社会病理　57
若年無業者　75
集団援助（グループワーク）　119,126
主訴　76
ジェノグラム　31,134,135
受容　177
巡回相談　115
障壁（バリア）　123,171
情報公開　13
人権　13,44,123
人権尊重　13
申請主義　76
身体症状化　62
信頼　19,20,59
信頼関係　18,21,25
心理教育プログラム　43
スティグマ　77
ストレングス　131
生活機能　170
生活の質（QOL）　124
正義　41,42,123
精神病理　57,58
精神保健福祉士　123
生態学　96
セカンド・プレイス　74,154
セーフティネット　78
センシティブ　10,25
早期介入　165
早期発見　75
ソーシャルアクション　119,125
ソーシャルスキル　180

[た行]
体験　178-180
対人援助職　21,23
対話　47
多重関係　168
多職種　149
地域援助（コミュニティワーク）　119,121,126
地域学校協働活動　153
地域コミュニティ　143,152,154,155
地域連携　153
知的障害　68
チーム学校　12,15,43,99,128,143,149
デューイ，J.　121
注意欠陥・多動性障害（ADHD）　67,113
トラウマ　55,56

[な行]
なべぶた組織　144,145,147
ナラティブ　122
日本国憲法　1,15
人間の尊厳　86,87
ネットワーキング　133
ネットワーク　43,142

[は行]
バイスティックの7原則　132
ハイリスク・アプローチ　77
発生機序　40
発達課題　2
バリアフリー・ユニバーサルデザイン　114
PTSD（心的外傷後ストレス障害）　3,39
秘密保持　13
貧困の連鎖　76,80,81
ファースト・プレイス　74,154
フェルト・センス　13,14,17
フォローアップ　125, 183
プラットフォーム　129,143
文化的フック　77
法テラス　138
保護者支援　173,181

[ま行]
マイノリティ　78
マクロ　35,79,126
マジョリティ　68,69
マルトリートメント　165
ミクロ　79,126
無条件の肯定的関心　97
メゾ　126
モニタリング　125
問題意識の共有　186

[や行]
役割間葛藤　149
ユースワーカー　78
要保護児童対策地域協議会　136
ヨコの交流　145
予防　42,44,47,77,88,165

[ら行]
来談者（クライエント）　166
来談者中心療法　96
リソース（資源）　42,130
リーダーシップ　145

リテラシー　76
リフレクション（省察）　28,29
臨床心理士　48,95
倫理　13
レディネス　6
連携　53,92,149,183,186,187

ロジャース，C.　96
ロールプレー／ロールプレイング　26,188,189
ロールモデル　73

［わ行］
枠　168,181

［代表編者］
山﨑 準二（やまざき じゅんじ） 学習院大学教授
高野 和子（たかの かずこ） 明治大学教授

［編著者］
武田 信子（たけだ のぶこ）
　　武蔵大学人文学部教授　　臨床心理士
　　東京大学大学院教育学研究科教育心理学専攻博士課程満期退学，元トロント大学大学院及びアムス
　　テルダム自由大学大学院客員教授，日本教師教育学会理事
　　〈主要著書等〉
　　著書『教員のためのリフレクション・ワークブック』学事出版
　　　　『保育者のための子育て支援ガイドブック』中央法規出版
　　　　『社会で子どもを育てる』平凡社
　　編著『子ども家庭福祉の世界』有斐閣
　　　　『子どもの放課後に関わる人のQ&A50』学文社
　　監訳『教師教育学』学文社
　　　　『J.ロックランに学ぶ教師教育とセルフスタディ』学文社
　　　　『専門職としての教師教育者』玉川大学出版会
　　　　『ダイレクトソーシャルワーク・ハンドブック』明石書店

未来の教育を創る教職教養指針　第11巻
教育相談
2019年9月30日　第1版第1刷発行

　　　　　　　　　　　　　　　　　　　　編著　　武田　信子

　　発行者　田 中 千 津 子　〒153-0064　東京都目黒区下目黒3-6-1
　　　　　　　　　　　　　　　電話　03（3715）1501 ㈹
　　発行所　株式 学 文 社　FAX　03（3715）2012
　　　　　　会社　　　　　　　http://www.gakubunsha.com

© Jyunji YAMAZAKI・Kazuko TAKANO　2019
　　　　　　　　　　　　　　　　　　　　印刷　亜細亜印刷
　　乱丁・落丁の場合は本社でお取替えします。
　　定価は売上カード，カバーに表示。

ISBN 978-4-7620-2844-1